Fanny Mendelssohn-Hensel

rowohlts monographien
begründet von Kurt Kusenberg
herausgegeben von Uwe Naumann

ro
ro
ro

# Fanny Mendelssohn-Hensel

Dargestellt von Ute Büchter-Römer

Rowohlt Taschenbuch Verlag

Umschlagvorderseite: Fanny Mendelssohn-Hensel.
Ölgemälde, postum entstanden
Umschlagrückseite: Der Maiabend.
Undatiertes Autograph von Fanny Mendelssohn-Hensel.
Vignette von Wilhelm Hensel
Fanny Mendelssohn-Hensels Musikzimmer
in der Leipziger Straße 3.
Aquarell von Julius Helfft

Seite 3: Fanny Hensel am 14. April 1845 in Rom.
Zeichnung von August Kaselowsky
(mit Widmung an Wilhelm Hensel 1850)
Seite 7: Fanny Hensel. Zeichnung von
Wilhelm Hensel, 1829

*3. Auflage März 2010*

*Originalausgabe*
*Veröffentlicht im Rowohlt Taschenbuch Verlag,*
*Reinbek bei Hamburg, Februar 2001*
*Copyright © 2001 by Rowohlt Taschenbuch Verlag*
*GmbH, Reinbek bei Hamburg*
*Umschlaggestaltung Ivar Bläsi*
*Redaktionsassistenz Karolin Marhencke*
*Reihentypographie Daniel Sauthoff*
*Layout Gabriele Boekholt*
*Satz* PE Proforma *und* Foundry Sans *PostScript,*
*QuarkXPress 4.1*
*Gesamtherstellung* CPI – Clausen & Bosse, Leck
*Printed in Germany*
ISBN *978 3 499 50619 2*

# INHALT

# Introduktion

Wir können uns vorstellen, wie sie in dem lichtdurchfluteten Raum an ihrem Arbeitstisch sitzt und einen der vielen Briefe an die Familie und die Freunde schreibt. Von links fällt Licht durch zwei große Fenster; die Wände ziert ein Crescendo sorgsam angeordneter Bilder, den Raum beherrscht ein zur Seite gerückter Flügel. Ein großer Sessel lehnt sich an ihn, sozusagen als Einladung, sich zu setzen und der Musik zuzuhören. Wie zufällig findet sich an einem der Fenster ein Nähtisch, ein unzweifelhafter Hinweis, dass eine Frau diesen Raum mit Leben erfüllt, dass eine Frau an diesem Flügel spielt, hier ihre musikalischen Ideen notiert und ihre Briefe schreibt. Fanny Hensel, geborene Mendelssohn Bartholdy komponierte, korrigierte und übte in diesem Raum im Haus Leipziger Straße 3 zu Berlin.

Von ihren Reisen, ihren Wünschen und Sehnsüchten, aber auch von ihrer Traurigkeit und Resignation geben – neben Kompositionen und Tagebucheintragungen – vor allem die unzähligen Briefe an Familienmitglieder, Freunde und Verwandte Zeugnis. Das Bild einer überaus glücklichen Zeit entwirft ein Brief, den Fanny Mendelssohn-Hensel im Oktober 1840 aus Rom an ihre Mutter und die Geschwister schrieb: *Einstweilen aber leben wir hier die herrlichsten Tage und Nächte, denn ich muß nur sagen, wir schlürfen die Neige der köstlichen Zeit so vollständig aus, daß wir nur ein Minimum an Schlaf zu uns nehmen und die halben Nächte mit Spazierengehen oder Zeichnen und*

Fanny Hensels Musikzimmer in der Leipziger Straße 3.
Aquarell von Julius Helfft

*Musikmachen hinbringen. Ich kann es jetzt gar nicht gut unter Dach aushalten, selbst im Vatikan bin ich in Ewigkeit nicht gewesen, des Abends kann mein Mann mich nicht in die Stube bekommen, noch auf der Schwelle des Hauses stehe ich still und graule mich vor der Stubenluft. Habt aber keine Angst, wir sind weder nervös aufgeregt, noch abgespannt, sondern ganz ruhig und vollkommen gesund; und nur das Bewußtsein des nahen Endes dieser schönen Zeit und zugleich die himmlische Luft läßt uns den Schlaf nicht vermissen. Ach! wie schön ist das Leben! Könnte man doch sagen: Halt! steh' ein bißchen still, laß dich näher besehen! – Adieu, liebste Mutter, und liebste Geschwister, wahrscheinlich adieu aus Rom!* [1] Begeisterung, Erfüllung und Liebe sprechen aus diesen Zeilen, die Freude am Leben in Rom, das Offenheit und Freiheit zu bedeuten scheint, das der Gemeinschaft unter Freunden und der Musik einen bedeutenden Platz einräumt. Die Schreiberin kokettiert mit ihrer Belesenheit, denn der Satz *Könnte man doch sagen: Halt!*

*steh' ein bißchen still, laß dich näher besehen* erinnert an Fausts Wort bei Goethe, mit dem er den Augenblick zu halten sucht. Doch Fanny Mendelssohn-Hensel war nicht immer so glücklich, wie es dieser Brief glauben macht. Einen völlig anderen Eindruck von dieser so begabten Frau gewinnt man aus dem Brief, den sie lange vor dieser Reise am 22. März 1829 an Carl Klingemann, einen Freund der Familie, sandte: *Beinahe hätte ich vergessen, Ihnen zu danken, daß sie erst aus meiner Verlobungskarte geschlossen haben, ich sey ein Weib wie Andre; ich meines Theils war darüber längst im Klaren, ist doch ein Bräutigam auch ein Mann wie Andre, wenn die Ähnlichkeit blos in der Verbindung besteht. Daß man übrigens seine elende Weibsnatur jeden Tag, auf jedem Schritt seines Lebens von den Herren der Schöpfung vorgerückt bekömmt, ist ein Punkt, der einen in Wuth, und somit um die Weiblichkeit bringen könnte, wenn nicht dadurch Übel ärger würde.*[2] Nicht nur zwischen den Zeilen wird erkennbar, dass sich Fanny Mendelssohn-Hensel bewusst mit ihrer Rolle als Frau und Komponistin auseinander setzte, deren Begrenzungen erkannte und erlebte, jedoch auch die Vorstellung von dem, was ihr als weibliches Wesen abverlangt wurde, akzeptierte, ja sich unterwarf, hätte sie sonst nicht ihrer Wut Raum gegeben, der Wut darüber, dass ihr diese Frauenrolle immer vorgehalten wurde? Resignation der Komponistin spricht aus dem folgenden Brief, den sie am 15. Juli 1836 ebenfalls an Carl Klingemann schrieb: *Felix, dem es ein Leichtes wäre, mir ein Publikum zu ersetzen, kann mich auch, da wir nur wenig zusammen sind, nur wenig aufheitern, und so bin ich mit meiner Musik ziemlich allein. Meine eigene und Hensels Freude an der Sache läßt mich indes nicht ganz einschlafen, und daß ich bei so gänzlichem Mangel an Anstoß von Außen dabei bleibe, deute ich mir selbst wieder als ein Zeichen von Talent.*[3] Sie beklagt sich nicht nur über das Fehlen von Öffentlichkeit für ihre Musik, erkennbar wird hier, dass ihr Bruder Felix besondere Bedeutung für sie besitzt, denn schon er allein könnte ihr Publikum genug sein. Wenn sie trotz aller Entmutigung weiterhin komponiert, dann nur, weil ihr angeborenes Talent sie zur Arbeit treibt, weil sie ihr musikalisches Anliegen durchsetzen will gegen alle Widerstände.

Als Komponistin und Ratgeberin ihres Bruders tritt sie immer wieder in ihren Briefen hervor. Wie nebenbei scheint sie die Fülle der Werke komponiert zu haben, die bis heute noch nicht vollzählig veröffentlicht sind: *Ich schicke Dir noch ein Lied, was ich noch vor meiner Hochzeit zu machen gedenke, es wird das letzte Stück seyn, und das erste denk ich, eine Sonate*[4], schreibt sie am 29. September 1829 an Felix Mendelssohn Bartholdy. Ihre Ausführungen und Ratschläge zu seiner Komposition «Die schöne Melusine» sind umfangreich, sie gelten der Harmonik und der Instrumentation: *Die benannte Stelle aber scheint mir eine Noth. In der darauf folgenden Durchführung, wo ich besonders die Stelle in c-dur und g mit der Septime liebe, ist ein Takt, der mir nicht recht gefällt, es ist der in c-dur vor dem schönen a-dur, weil du schon einmal in a-dur warst.*[5]

Die ersten Eindrücke von dieser Frau ergänzt Sebastian Hensel, das einzige Kind von Fanny und Wilhelm Hensel: «Sie war klein von Gestalt und hatte – ein Erbteil von Moses Mendelssohn – eine schiefe Schulter, was aber wenig zu sehen war. Das Schönste an ihr waren die großen, dunklen, sehr ausdrucksvollen Augen, denen man die Kurzsichtigkeit nicht ansah. Nase und Mund waren ziemlich stark, sie hatte schöne, weiße Zähne. Der Hand sah man die Ausarbeitung durchs Klavierspiel an. Sie war schnell und dezidiert in ihren Bewegungen, das Gesicht war sehr lebendig, alle Stimmung spiegelten sich auf demselben treu wieder; Verstellung war ihr unmöglich.»[6]

Glück, Freude, Resignation und Bitterkeit scheinen im Leben der Komponistin, die am 14. November 1805 als Tochter des Abraham Mendelssohn und seiner Frau Lea, geb. Salomon, in Hamburg geboren wurde, eng benachbart zu sein. Sie lebte ihr Leben in der Spannung zwischen patriarchalisch jüdisch-christlichen Rollenerwartungen an die Frau in ihrer Zeit – mit der Erlaubnis, im großbürgerlichen Umfeld als Mäzenin zu wirken – und ihrer außergewöhnlichen künstlerischen Begabung als Pianistin und Komponistin, die sie nicht einer großen Öffentlichkeit beweisen durfte.

# Die Familie Mendelssohn

Fanny Mendelssohn-Hensel stammte aus der gebildeten und wohlhabenden Familie, die Moses Mendelssohn gegründet hatte. Moses Mendelssohn, am 17. August 1728 in Dessau geboren, kam 1742 nach Berlin. Bei dem Oberrabbiner David Fränkel absolvierte er seine «Lehrjahre» und suchte als Autodidakt Annäherung an die europäische Bildung der Zeit. Er gilt als Vorkämpfer für die politische und soziale Gleichstellung der Juden in Preußen und als Vordenker der Aufklärung und des Toleranzprinzips. «Nach Wahrheit forschen, Schönheit lieben, Gutes wollen, das Beste tun»[7] war Motto seiner geistigen Haltung und seines gelebten Menschenbildes, das er seiner Familie und seinen Freunden ver-

Moses Mendelssohn. Gemälde von Johann Christoph Frisch, 1786

mittelte. Noch während seiner Sprach- und Philosophiestudien kam er 1750 als Hauslehrer zu dem Berliner Seidenfabrikanten Isaak Bernhard, später arbeitete er dort als Buchhalter und bewies beachtliches geschäftliches Geschick. Nach dessen Tod wurde er Teilhaber der Firma. Seine Stellung ließ ihm Zeit für wissenschaftliche Arbeit. Berühmt in ganz Europa wurde Moses Mendelssohn durch seine Schrift «Phädon oder die Unsterblichkeit der Seele in drei Gesprächen», eine Neubearbeitung der Dialoge Platons. Wegen seiner verständlichen Darstel-

Moses Mendelssohn und Gotthold Ephraim Lessing
vor dessen Haus in Wolfenbüttel im Dezember 1777.
Lavierte Zeichnung von Friedrich Werner, um 1872

lung hatte das Werk außerordentlichen Erfolg beim Publikum.
Seit 1754 war Moses Mendelssohn mit Gotthold Ephraim Lessing befreundet, den er zu seinem «Nathan» anregte, ja ihm
letztlich als Vorbild diente. Lessing förderte Mendelssohns literarische und philosophische Arbeit und verhalf ihm zu Veröf-
fentlichungen.

1761 lernte Moses Mendelssohn bei seinem Gönner Aaron
Emmerich Gumpertz, der im Haus seiner Verwandten, des Kauf-
manns Abraham Guggenheim in Hamburg lebte, dessen vier-

undzwanzigjährige Tochter Fromet Guggenheim kennen, die er 1762 heiratete, nachdem ihm die preußische Regierung das Recht auf Niederlassung eingeräumt hatte, ohne das keine Eheschließung möglich war. Die Liebesbriefe Moses' und Fromets brechen mit den Konventionen dieses Genres, sie zeigen offen die herzliche Beziehung der beiden zueinander. Moses Mendelssohn soll auf die Frage, ob Ehen im Himmel geschlossen würden, geantwortet haben, dass dem so sei und ihm dabei etwas Besonderes geschehen sei: «Bei der Geburt eines Kindes wird im Himmel ausgerufen: Der und der bekommt die und die. Wie ich nun geboren wurde, wird mir auch meine Frau ausgerufen, aber dabei heißt es: Sie wird, leider Gottes, einen Buckel haben, einen schrecklichen. Lieber Gott, habe ich da gesagt, ein Mädchen, das verwachsen ist, wird gar leicht bitter und hart, ein Mädchen soll schön sein, lieber Gott, gibt mir den Buckel und laß das Mädchen schlank gewachsen und wohlgefällig sein. Kaum hatte Moses Mendelssohn das gesagt, als ihm das Mädchen um den Hals fiel...»[8] Die Mendelssohns führten ein gastliches Haus in Berlin, dort trafen sich Persönlichkeiten aus den verschiedenen Bereichen von Kunst und Kultur. Neben der Tochter Dorothea Veit-Schlegel, die schon früh für Aufsehen sorgte, nahmen die damals in Berlin berühmten Salonieren Henriette Herz und Rahel Levin-Varnhagen regelmäßig an den Lesegesellschaften Moses Mendelssohns teil. Sie lernten, sozusagen an der Quelle, den «Geist der Aufklärung», den Freiheitsgedanken und die Bedeutung der Vernunft für das eigene Handeln kennen, machten sich diese Entwürfe zu Eigen und begeisterten sich für die deutsche Kultur. Die Gedankenwelt Moses Mendelssohns war Ausgangspunkt ihres Bildungseifers

Salonartige und literarische Geselligkeiten gab es damals in Berlin zwar mannigfache; im hergebrachten aristokratischen Stil, wofür die Herzogin Dorothea von Kurland ein glanzvolles Beispiel bildete. [...] Auch die Töchter der Familien Itzig, Cohen und Solomon betätigten sich als freundliche Gastgeberinnen. Wenn aber von den berühmten Berliner jüdischen Salons die Rede ist, sind nicht diese gemeint, sondern die legendäre Dreierkonstellation: Henriette Herz, Rahel Levin und Dorothea Schlegel.
Verena von Heyden-Rynsch: Europäische Salons. Reinbek 1995, S.135

wie ihres Freiheitsverlangens, hierin wurzeln die jüdischen Salons in Berlin und somit auch der musikalische Salon Fanny Mendelssohn-Hensels. Moses und Fromet Mendelssohn hatten zehn Kinder, von denen vier im frühen Kindesalter starben, die Kinder, die sie großzogen, waren: Brendel (Dorothea), 1764–1839; Recha, 1767–1831; Joseph, 1770–1848; Henriette Maria, 1775–1831; Abraham, 1776–1835 und Nathan, 1782–1852. Die Kinder Moses Mendelssohns übernahmen Verpflichtungen innerhalb der Familie, sie erhielten Zugang zur preußischen Gesellschaft, nahmen Einfluss und – widersprachen.

So heiratete Dorothea (Brendel) Mendelssohn zunächst 1783 den Berliner Bankier Simon Veit, den der Vater für sie ausgesucht hatte. In der aufklärerischen Atmosphäre des Elternhauses hatte Brendel, die als Zeichen der Assimilation ihren Vornamen in Dorothea umänderte, ein starkes Selbstbewusstsein erworben, sie wollte die Lebensbedingungen, in die sie das Judentum zwang, aufbrechen. Als sie im Salon der Henriette Herz Friedrich Schlegel begegnete, verliebte sie sich in ihn und verließ das Haus Simon Veits. Die bedingungslose Hingabe an ihr Gefühl bildet einen Kontrapunkt zu den Gesetzen der Vernunft und deutet auf die gerade erst anbrechende Romantik. Sie lebte zunächst in Paris, wo sie 1804 zum evangelischen Glauben übertrat, 1808 konvertierte sie zum Katholizismus, später lebte sie in Rom, zuletzt in Frankfurt, wo sie 1839 starb. Ihr damals als skandalös betrachtetes Leben verrät einen ausgeprägten Willen zur selbstbestimmten Gestaltung – auch gegen die herrschende Konvention – und stand so im Widerspruch zu dem integrierenden Familiengedanken der Mendelssohns. Auch ihre Schwester Henriette Mendelssohn folgte nicht dem vorgegebenen weiblichen Weg. Sie lebte zunächst in Wien, leitete dann später in Paris ein Mädchenpensionat, sprach fließend Französisch und Englisch. Germaine de Staël war ihre Freundin, Alexander von Humboldt und Benjamin Constant gingen bei ihr ein und aus. Ihr kritischer Geist und ihre Selbständigkeit, sie blieb unverheiratet, waren ebenfalls ungewöhnlich für die Zeit.

# Die Mendelssohns

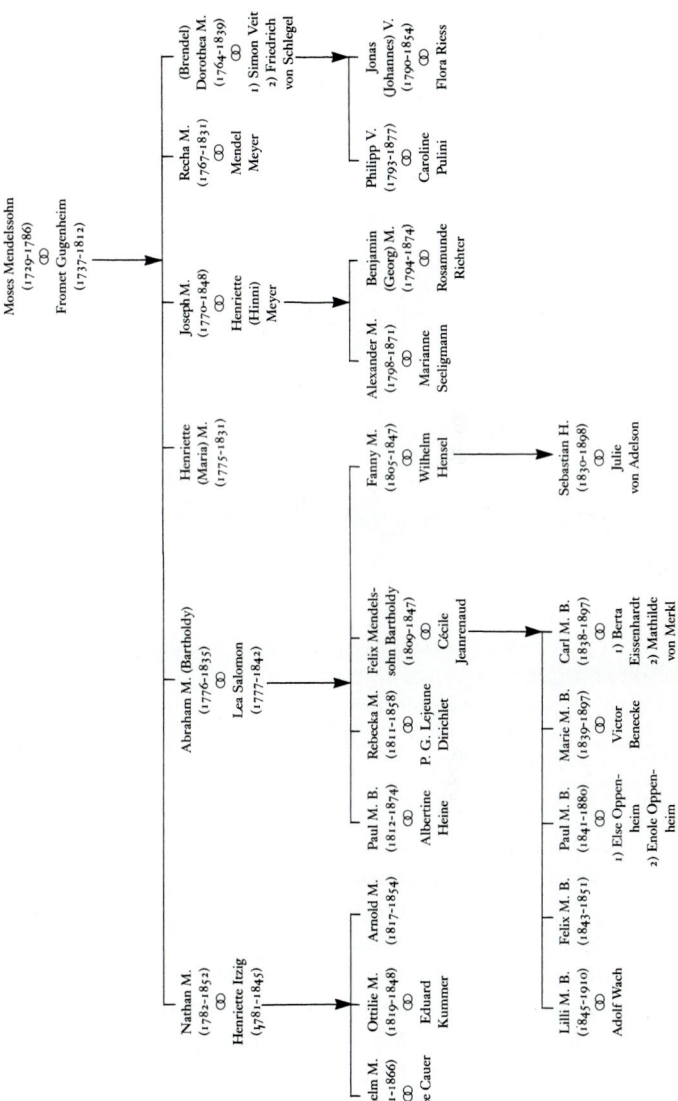

Stammbaum der Familie Mendelssohn

15

Abraham Mendelssohn.
Zeichnung von Wilhelm Hensel, 1829

Im Unterschied zu den beiden Schwestern Henriette und Dorothea übernahm Joseph Mendelssohn die notwendigen Verpflichtungen, er wurde Leiter des Bankhauses Mendelssohn, in das sein jüngerer Bruder Abraham später ebenfalls eintrat und das die wirtschaftliche Grundlage der Familien bilden sollte. Nathan war Techniker und Instrumentenbauer, er wurde einer der Mitbegründer der Polytechnischen Gesellschaft in Berlin. Wie sehr die Familie immer wieder den Fluchtpunkt aller Mitglieder bildete, wird am Schicksal der 1767 geborenen Schwester Recha deutlich. Sie lebte nach einer unglücklichen Ehe in Hamburg-Altona, wo sie ein Mädchenpensionat gründete. Später jedoch zog sie in das Haus ihres Bruders Abraham, Leipziger Straße 3 in Berlin.

Lea Mendelssohn, geb. Salomon.
Zeichnung von Wilhelm Hensel

Abraham Mendelssohn, der Vater Fanny Mendelssohn-Hensels, wurde am 10. Dezember 1776 geboren. Er begann seine berufliche Laufbahn als Angestellter des Bankhauses Fould und Co. in Paris. Dort hielt er sich oft bei seiner Schwester Henriette auf; vermutlich begegnete er bei ihr Lea Salomon, die später seine Frau werden sollte. Sebastian Hensel zitiert in seiner Darstellung der Familie Mendelssohn einen Brief eines Freundes der Familie Salomon, der das Wesen Lea Mendelssohns als reizend und intelligent beschreibt und hinzufügt: «Sie hatte sich jede Gattung modischer Bildung angeeignet; sie spielte und sang mit Ausdruck und Anmut, aber selten und nur für Freunde; sie zeichnete trefflich; sie sprach und las Französisch, Englisch, Italienisch und – heimlich – Homer im Original. Heimlich! Wie hätten andere mit ihrem Können geprunkt!»[9]

Abraham und Lea Mendelssohn lebten zunächst in Hamburg, wo Fanny am 14. November 1805, Felix am 3. Februar 1809 und Rebecka 1811 geboren wurden; nach der Übersiedlung der Familie nach Berlin folgte Paul 1812. Wie sehr sich Abraham Mendelssohn seiner Familie verbunden fühlte und wie viel Glück er in ihr fand, verrät ein Brief seiner Schwester Henriette aus Paris, wo sich Mendelssohn 1819/20 geschäftlich aufhielt und dort offensichtlich wenig Gefallen an öffentlichen Veranstaltungen fand: «Auch die Opera buffa scheint ihn nicht mehr anzuziehen, und mit Recht zieht er seine Hauskapelle allen berühmten Virtuosen vor. Indessen scheint er mir ganz resigniert, und ich muss sagen, in manchen anderen noch sehr vorteilhaft verändert; er erkennt, dass er glücklich ist, fühlt es lebendig in sich, und das hat ihn verjüngt; ich finde ihn gar nicht mehr so heraklitisch, bloß ernst, wie es einem Manne, und zuweilen gerührt, wie es einem Gatten und Vater ziemt, der von allem, was er liebt, getrennt ist.»[10]

Sich und seine Familie suchte Abraham Mendelssohn in Preußen heimisch zu machen. Obwohl er eine Vorliebe für Frankreich hegte – er reiste mehrmals auch mit der Familie nach Paris –, stand er während der napoleonischen Kriege auf der deutschen Seite und rüstete zudem auf seine Kosten mehrere Freiwillige aus. Seine Verdienste wurden in Berlin durch die Wahl zum unbesoldeten Stadtrat anerkannt. Er ließ seine Kinder christlich erziehen und schließlich 1816 protestantisch taufen, später auch sich und seine Frau. Die Geschwister wuchsen in einer weltoffenen Atmosphäre auf, in der den Idealen der Aufklärung hoher Wert beigemessen wurde. Die Familie und ihr Wohl stand für alle an erster Stelle, in ihr fand man Geborgenheit, hier sorgte man füreinander, sie bildete den Humus für schöpferische Tätigkeit, forderte aber auch Anpassung und Gehorsam. «Abraham Mendelssohn war es vorbehalten, dem Namen wieder einen neuen und größeren Glanz zu verleihen, und zwar in seinem Sohne Felix. Daher das bescheidene humoristische Wort, das er gesprochen: «Früher

Das Geburts-
haus Fanny
und Felix
Mendelssohns
in der Großen
Michaelis-
straße 14,
Hamburg

war ich der Sohn meines Vaters, jetzt bin ich der Vater meines Sohnes»[11], schreibt Sebastian Hensel. Dieser Ausspruch verweist darauf, dass sich Abraham Mendelssohn seiner Rolle als Mittler zwischen den Generationen bewusst war: hier der bewunderte Vater, dort der früh berühmte Sohn Felix. Seine Tochter Fanny jedoch wurde trotz ihres musikalischen Genies nicht gefördert. Er blieb seiner Zeit verhaftet und teilte mit ihr die Überzeugung, dass Frauen ihre Aufgabe in der Ehe, der Kindererziehung und der Führung des Haushaltes fänden. In Abraham Mendelssohns Brief an seine fünfzehnjährige Tochter zu ihrer Einsegnung werden diese Grenzen deutlich gezogen: «Was Du mir über Dein musikalisches Treiben im Verhältnis zu Felix in einem Deiner früheren Briefe geschrieben, war ebenso wohl gedacht als ausgedrückt. Die Musik wird für ihn vielleicht Beruf, während sie für Dich stets nur Zierde, niemals Grundbaß Deines Seins und Tuns werden kann und soll; ihm ist daher Ehrgeiz, Begierde, sich geltend zu machen in einer Angelegenheit, die ihm sehr wichtig vorkommt, weil er sich dazu berufen fühlt, eher nachzusehen, während es Dich nicht weniger ehrt, dass Du von jeher Dich in diesen Fällen gutmütig und vernünftig bezeugt und durch Deine Freude an dem Beifall, den er sich erworben, bewiesen hast, dass Du ihn Dir an seiner Stelle auch würdest verdienen können. Beharre in dieser Gesinnung und diesem Betragen, sie sind weiblich, und nur das Weibliche ziert die Frauen.»[12] Frauen hatten – wenn sie denn künstlerisch tätig sein wollten – dies zu ihrer und der Freude der Familie zu tun, sich in ihrer Entfaltung auf diese zu beschränken, es sei denn, sie waren wie Clara Schumann gezwungen, den Lebensunterhalt der Familie zu verdienen.

Abraham Mendelssohn war hier ganz der patriarchale Familienvater, dessen Lebenshaltungen und Vorstellungen in all seinen Briefen und seiner Erziehung der Kinder zum Ausdruck kamen. Alle Ermahnungen und auch jedes Lob des Vaters wurden von den Kindern respektiert, sie liebten ihn trotz seiner Strenge wegen seiner Warmherzigkeit und Güte. Aus dieser familiären Geborgenheit heraus ist es vielleicht zu verstehen, dass Fanny Mendelssohn-Hensel, bei all ihrem Willen zu komponieren und diesen Kompositionen auch Öffentlichkeit und Anerkennung zu verschaffen, anders als ihre Tante Dorothea Veit-Schlegel aus der für sie gedachten und auch sicheren Ordnung nicht

Dorothea Schlegel, geb. Mendelssohn. Gemälde von Anton Graff

Henriette Mendelssohn. Zeichnung von Wilhelm Hensel, Bleistift weiß gehöht auf Karton mit gelblichem Tondruck

ausbrach. Auch die früh erlebte Bevorzugung des jüngeren Bruders, die sie als selbstverständlich hinzunehmen hatte, muss ihr die eigenen Grenzen sehr bald deutlich gemacht haben. Die Lebensentwürfe ihrer Tanten Dorothea Veit-Schlegel und Henriette Mendelssohn waren wohl nicht die ihren; Vorbilder mögen eher bei der Großmutter Bella Salomon oder den Großtanten Sara Levy und Fanny von Arnstein zu suchen sein, die über hohe Musikalität und Bildung verfügten, jedoch nie aus dem familiären Umkreis heraustraten. Fanny von Arnstein, der Fanny Mendelssohn ihren Namen verdankt, brachte die intellektuelle Tradition der literarischen Salons nach Wien, und Sara Levy studierte bei Wilhelm Friedemann Bach und förderte Carl Philipp Emanuel Bach. Ihre Lebensentwürfe stehen also demjenigen Fanny Mendelssohn-Hensels näher als die der beiden Töchter Moses Mendelssohns.

Wie sehr die Kinder Abraham Mendelssohn trotz seiner Strenge liebten und achteten, wird auch durch die Tagebucheintragung Fanny Mendelssohns nach seinem Tod 1835 deutlich: *Es war ungefähr 11. So sanft, so schön war das Ende, daß wir den genauen Augenblick nicht wussten, wir hatten noch einen Schimmer von Hoffnung, als er wahrscheinlich schon ausgeatmet hatte. So schön, so unverändert ruhig war sein Gesicht, dass wir nicht ohne Scheu, sondern mit einem wahren Gefühl der Erhebung bei der geliebten Leiche verweilen konnten. Der ganze Ausdruck so ruhig, sanft, die Stirne so rein und schön, die Hand so mild. Es war das Ende des Gerechten, ein schönes beneidenswertes Ende, und ich bitte Gott um ein gleiches, u. will mich mein ganzes Leben lang bemühen, es zu verdienen wie er es verdiente.*[13] Nach dem Tod des Vaters wurde die Mutter Mittelpunkt der Familie. In ihren Räumen traf man sich unter anderem zu Gesprächen mit Freunden, feierte Familienfeste, anlässlich derer Fanny Mendelssohn einige ihrer Kompositionen aufführte. Lea Mendelssohn hielt alle die Menschen zusammen, die im Haus Leipziger Straße 3 miteinander lebten und sicherte die Verbindungen zu denen, die gerade auf Reisen waren, durch ihre Korrespondenz. Nach ihrem Tod am 12. Dezember 1842 übernahmen Fanny Mendelssohn-Hensel und Wilhelm Hensel ihre Rolle im Zentrum der Familie.

Allen Mitgliedern der Familie war aber dies Haus nicht ein gewöhnlicher Besitz, ein toter Steinhaufen, sondern eine lebendige Individualität, ein Mitglied, teilnehmend am Glück der Familie, es war ihnen und den Nächststehenden gewissermaßen Repräsentant desselben. In diesem Sinne brauchte Felix oft den Ausdruck «Leipziger Strasse 3», und in diesem Sinne liebten alle das Grundstück und betrauerten seinen Verlust, als es nach Fannys und Felix' Tode verkauft und das Herrenhaus hineinverlegt wurde.»
Sebastian Hensel: Die Familie Mendelssohn

# Erziehung

Die Erziehung im Hause Mendelssohn war streng. Sie folgte den Ideen einer bürgerlichen Lebensführung: «Als ausgesprochen bürgerlich gilt [...] das Streben nach selbständiger Gestaltung der individuellen und gemeinsamen Aufgaben [...]. Die Betonung von Bildung (statt Religion oder in Verbindung mit bildungskompatiblen Varianten von Religion) kennzeichnete das Welt- und Selbstverständnis der Bürger; Bildung gehörte zugleich zur Grundlage ihres Umgangs miteinander und zur Ausgrenzung von anderen (etwa durch Zitate und Konversationsfähigkeit). Ein enges Verhältnis zur [...] ästhetischen Kunst (Kunst, Literatur, Musik) kennzeichnete das Bürgertum ebenso wie Respekt für Wissenschaft.»[14] Die Revolutionskriege und die Eroberungen Napoleons brachten die Ideen der Französischen Revolution auch nach Preußen, darunter die der Religionsfreiheit. Bereits am 27. September 1791 verabschiedete die französische Nationalversammlung eine Deklaration, die den Juden die völlige Gleichberechtigung gewährte. 1812 führten die Reformbestrebungen des Fürsten von Hardenberg in Preußen zu einem Emanzipationsgesetz, das diejenigen Juden, die bereits das Schutzrecht besaßen, zu preußischen Staatsbürgern machte. Sie erhielten also endlich die gleichen Rechte und Freiheiten wie ihre christlichen Mitbürger. Allerdings flackerte immer wieder Judenfeindschaft auf. Bereits 1819 kam es erneut zu Ausschreitungen, unter denen auch

Wir Friedrich Wilhelm, von Gottes Gnaden König von Preußen usw. haben beschlossen, den jüdischen Glaubensgenossen in Unserer Monarchie eine neue, der allgemeinen Wohlfahrt angemessene Verfassung zu ertheilen, erklären alle bisherige, durch das gegenwärtige Edict nicht bestätigte Gesetze und Vorschriften für Juden für aufgehoben und verordnen wie folget: § 1. Die in Unsern Staaten jetzt wohnhaften, mit Generalprivilegien, Naturalisations-Patenten, Schutzbriefen und Konzessionen versehenen Juden und deren Familien sind für Einländer und Preußische Staatsbürger zu achten.

Emanzipationsgesetz
Friedrich Wilhelms II., 1812

Fanny und Felix Mendelssohn zu leiden hatten; Felix wurde auf der Straße von einem jungen Adeligen mit «Hep, Hep, Judenjunge» beschimpft; im Kurort Doberan wurden die Geschwister von Straßenjungen angepöbelt und mit Steinen beworfen. Die beiden reagierten mit Wut und Empörung und zogen sich in die Geborgenheit der Familie zurück. Aber der familiäre Schutz reichte nicht aus, um seine Kinder dauerhaft in Preußen zu integrieren, daher ließ sie Abraham Mendelssohn protestantisch taufen. Offen bleiben muss, inwieweit die Zugehörigkeit der Familie zur jüdischen Minderheit, die Erfahrung von Spott und Diskriminierung Fanny Mendelssohn-Hensels Selbstbewusstsein und ihr musikalisches Schaffen beeinflusst haben. Abraham Mendelssohn übernahm nach seiner Taufe den christlichen Namen Bartholdy, den sich sein Schwager Jakob Ludwig Salomon, der als preußischer Konsul in Rom lebte, zugelegt hatte. Von Felix Mendelssohn wird berichtet, dass er mit dem Zunamen nicht einverstanden war, jedoch den Willen des Vaters akzeptierte und sich Mendelssohn Bartholdy nannte, ohne Bindestrich, als Zeichen einer Namens- und Identifikationsdualität.

Offensichtlich hat der Übertritt zum Christentum Abraham Mendelssohn wohl doch in Erklärungsnot gegenüber seinen Kindern gebracht. So schrieb er Fanny zu ihrer Konfirmation 1820: «Die Form, unter der es Dir Dein Religionslehrer gesagt, ist geschichtlich und wie alle Menschensatzungen veränderlich. Vor einigen tausend Jahren war die jüdische Form die herrschende, dann die heidnische, jetzt ist es die christliche. Wir, Deine Mutter und ich, sind von unseren Eltern im Judentum geboren und erzogen worden und haben, ohne diese Form verändern zu müssen, dem Gott in uns und unserem Gewissen zu folgen gewußt. Wir haben Euch, Dich und Deine Geschwister, im Christentum erzogen, weil es die Glaubensform der meisten gesitteten Menschen ist und nichts enthält, was Euch vom Guten ableitet, vielmehr manches, was Euch zu Liebe, zum Gehorsam, zur Duldung und zur Resignation hinweist, sei es auch nur das Beispiel des Urhebers, von so wenigen erkannt und von noch Wenigeren befolgt.»[15] In diesem

Brief, dessen Gehalt Lessings «Ringparabel» nah verwandt ist, benennt Abraham Mendelssohn die Werte, in denen er seine Kinder erzogen wissen wollte. Im Christentum sah er keine mit dem jüdischen Glauben konkurrierende Religion, sondern eine, deren Grundsätze den Menschen «gut» werden lassen. Aus seiner aufgeklärten Geisteshaltung heraus verweist er auf die Veränderlichkeit menschlicher Satzungen in der Geschichte und begründet so die Notwendigkeit der Anpassung an sich wandelnde religiöse Vorstellungen.

Die Eltern Mendelssohn unterrichteten ihre Kinder zunächst selbst; Abraham Mendelssohn übernahm die Mathematik- und Französischstunden, Lea Mendelssohn die für Deutsch, Literatur und Kunst. Sie war es auch, die den Geschwistern die ersten Klavierstunden gab. Später wurden Hauslehrer mit diesen Aufgaben betraut, zunächst Gustav Harald Stenzel. Ab 1819 unterrichtete sie der Altphilologe und Sprachforscher Dr. Karl Wilhelm Ludwig Heyse. Er vermittelte den Kindern sein (und Lea Mendelssohns) Interesse an antiker Literatur. Johann Gottlob Samuel Rösel, Professor an der Bergakademie, lehrte die Kinder ab 1820 das Zeichnen. In Paris begegneten die Geschwister während eines mehrmonatigen Aufenthalts der berühmten Beethoven-Interpretin Bigot de Mo-

rogues und erhielten von ihr Unterricht. Um ihre musikalischen Kenntnisse und Fähigkeiten zu erweitern, wurde von 1816 bis 1821 der Pianist und Komponist Ludwig Berger engagiert. Der Leiter der Berliner Singakademie, Carl Friedrich Zelter, anerkannter Komponist

Carl Friedrich Zelter.
Lithographie von Heine
nach einem Gemälde von
Karl Begas

vieler Lieder nach Gedichten seines Freundes Goethe, übernahm 1819 den Theorie- und Kompositionsunterricht. Er
brachte den Kindern die zeitgenössische Klaviermusik nahe,
zu der die Musik Ludwig van Beethovens gehörte, und führte
sie in die kontrapunktische Kunst Johann Sebastian Bachs ein.
Aus diesem Unterricht mag die lebenslange Verbundenheit
Fanny und Felix Mendelssohns mit den Werken Bachs und
Beethovens zu erklären sein, die
sich in ihren eigenen Kompositionen immer wieder spiegelt. Berger
und Zelter erkannten sehr schnell
die besondere musikalische Begabung der beiden und förderten die
Geschwister ganz besonders. Aber
auch die Eltern verlangten von
ihnen besondere Leistungen. Auf
Geheiß Lea Mendelssohns trug ihre Tochter, deren Finger die Mutter

> Daß Zelter von unbegrenzter
> Verehrung für Sebastian Bach
> durchdrungen war, hat er mit
> Wort und That genugsam dar-
> gethan. [...] Aber er glaubte
> nicht, daß diese Werke jemals
> im Stande sein würden, den
> Weg zur Gunst und Anerken-
> nung eines größeren Publi-
> kums zu finden.
> Geschichte der Sing-Akademie
> zu Berlin von Martin Blumner,
> 24. Mai 1891, S. 75

früh als «Bach'sche Fugenfinger» bezeichnete, zum Geburtstag Abraham Mendelssohns im Jahre 1818 die 24 Präludien des
«Wohltemperierten Klaviers» von Bach auswendig vor. Die
Reaktion der Schwester Abrahams, Henriette, auf diese Par-
forceleistung war recht mahnend, sie schrieb Lea Mendelssohn einen Brief, in dem sie nach allem Staunen und aller Bewunderung doch gesteht, «daß ich das Unternehmen strafbar
finde; die Anstrengung ist zu groß, sie hätte leicht schädlich
werden können, man sollte das außerordentliche Talent Ihrer
Kinder bloss leiten, nicht treiben. Papa Abraham ist aber unge-
nügsam, das Beste ist ihm eben gut genug.»[16] Über die rein musikalische Unterweisung hinaus besaß Zelter weitere Bedeutung für die Kinder, er vermittelte den ersten Besuch Abraham
und Felix Mendelssohns bei Goethe in Weimar. Die besondere
Wertschätzung, die Felix durch den «Dichterfürsten» erfuhr,
entfernte ihn jedoch mehr und mehr von seiner Schwester. Die
Biographin Fanny Mendelssohn-Hensels, Françoise Tillard,
wertet diesen Vorgang als ein Beiseite-Schieben: «Mit den Goe-
theschen Weihen versehen, verdrängt Felix nun endgültig die

Schwester aus dem Lichtkreis der Aufmerksamkeit.» [17] Goethe selbst schätzte aber auch Fanny. Nachdem Zelter Goethe von ihrer Klage über das Fehlen gut vertonbarer Texte berichtet hatte, schrieb Goethe im Oktober 1827 ein Gedicht für sie, das ihr Zelter überbrachte:

> Wenn ich mir in stiller Seele
> Singe leise Lieder vor
> Wie ich fühle, daß sie fehle
> Die ich einzig auserkor.
>
> Möcht' ich hoffen, daß sie sänge
> Was ich ihr so gern vertraut,
> Ach! Aus dieser Brust und Enge
> Drängen frohe Lieder laut. [18]

Fanny Mendelssohn-Hensel vertonte diese Verse einige Wochen später.

1822 besuchte die Familie auf ihrer Rückreise aus der Schweiz auch Goethe in Weimar. Trotz aller Sympathie für Fanny steht doch Felix im Mittelpunkt von Goethes Interesse, berichtet Lea Mendelssohn an Henriette Mendelssohn in Paris. Sie erwähnt, dass Goethe zu ihrem Sohn gesagt habe: «Du bist mein David, sollte ich krank und traurig werden, so banne die bösen Träume durch dein

Johann Wolfgang von Goethe im Alter von 68 Jahren. Kolorierter Stich von Johann Müller nach einer Kreidezeichnung des Weimarer Hofmalers Ferdinand Jagemann

Spiel.» Zu ihrer Tochter sei er «sehr gütig» gewesen, ihr Bach-Spiel habe dem Dichterfürsten außerordentlich gefallen, wie auch seine von ihr vertonten Gedichte: «[...] so wie ihn überhaupt erfreut, sich in Musik gesetzt zu sehen.»[19] Wie mag Fanny Mendelssohn in dieser Situation empfunden haben? Aus den Bemerkungen der Mutter geht die Bewunderung besonders für den Bruder Felix hervor, die Wertschätzung der Komposition Fannys wird relativiert mit den Worten, dass Goethe es ja sowieso liebe, wenn seine Gedichte in Musik gesetzt würden. Sicher hat Fanny zu diesem Zeitpunkt deutlich ihre Rolle des zurückgehaltenen Mädchens, der Nur-Schwester des so begabten Bruders empfunden. Es muss sie geschmerzt haben.

Die häusliche Erziehung gestaltete sich für alle Geschwister gleich. Aufgrund ihrer besonderen Begabung erhielten Fanny und Felix allerdings eine intensivere musikalische Ausbildung als die anderen Kinder. Rebecka bekam Gesangsunterricht und führt später die Lieder ihrer Schwester so professionell auf, dass Felix Mendelssohn ihre Interpretationen gegenüber derjenigen einer Solistin in Leipzig besonders loben wird. Sie war es auch, die Felix Gesellschaft bei den Griechischstunden leistete, einer von ihm ungeliebteren Sprache, die sie dann so gut beherrschte, dass sie Platon und Homer mühelos im Original lesen konnte. Der jüngere Bruder Paul war zwar ein guter Cellist, seine Qualitäten lagen jedoch mehr im geschäftlichen Bereich: Er wurde Bankier. Fanny Mendelssohn-Hensel bemerkt dazu in ihrem Tagebuch am 20. Januar 1843: *Welches Glück für uns alle, die wir keine Geschäftsleute sind, einen solchen Verwalter unserer Interessen zu haben.*[20] Vater Mendelssohn schuf zur Förderung seiner begabten Kinder, insbesondere jedoch seines Sohnes Felix, die «Sonntagsmusiken» in seinem Haus. Hier hatten die Geschwister ein Publikum, vor dem sie, ohne der professionellen Kritik ausgesetzt zu sein, ihr Können demonstrieren und Übung im öffentlichen Vortrag sammeln konnten. Doch schon bald zeigten sich große Unterschiede in der Bewertung und der Erweiterung des Gelernten. Felix Mendelssohn reiste 1825 mit seinem Vater nach Paris, wo er Luigi

Rebecka Mendelssohn.
Zeichnung von Wilhelm Hensel, 1823

Cherubini vorgestellt wurde. Dieser hielt Felix für begabt genug, die Musikerlaufbahn einzuschlagen. Weitere Reisen ergänzten seine Ausbildung: 1827 war er unterwegs durch den Harz, durch Thüringen und Süddeutschland, 1829 ging es dann nach England, wo er Land und Leute, aber auch bedeutende Künstler kennen lernte. 1830 reiste er über Weimar, München und Wien nach Italien. Diese im 19. Jahrhundert für Söhne aus wohlhabendem Haus üblichen Bildungsreisen blieben der Schwester Fanny verwehrt. Durch die umfangreichen Briefe, die Felix nach Berlin schrieb, nahm sie zwar teil an den Erlebnissen des Bruders, seine wohl gemeinten Ratschläge zur Besichtigung von Gemäldegalerien und andere Hinweise wehrte sie jedoch mit der Bemerkung ab, sie wolle sich später selbst ein Urteil bilden. Überdies, und das ist wohl eine der härtesten Fol-

Rebecka und Fanny Mendelssohn. Zeichnung von Wilhelm Hensel, 1828

gen jener fehlenden Reisemöglichkeiten, erhielt sie nicht die Gelegenheit, ihre kompositorischen Fähigkeiten durch Begegnungen mit Komponisten im europäischen Ausland zu entwickeln. Sie blieb in ihrem Lebenskreis auf Berlin reduziert, Felix dagegen konnte in der Fremde neue Erfahrungen sammeln.

Den Mittelpunkt der Erziehung Fanny Mendelssohns bildete letztlich immer die zukünftige Rolle als Hausfrau und Mutter, deren künstlerische Betätigungen nicht über den Hausgebrauch hinausgehen sollten. Abraham Mendelssohn spricht dies deutlich aus in seinem Brief an Fanny zu ihrem 23. Geburtstag: «Wir werden beide mit jedem Jahr dreihundertfünfundsechzig Tage älter, wer weiß, wie lange ich Dir noch zu Deinem Geburtstage gratulieren und ein ernstes Wort sagen kann, wer weiß, wie lange Du letzteres noch hören kannst oder willst. So will ich Dir heute sagen, liebe Fanny, daß ich in allen wesentlichen Punkten, im wichtigsten, mit Dir so zufrieden bin, daß mir nichts zu wünschen übrigbliebe. Du bist gut in Sinn und Gemüt. Das Wort ist verdammt klein, aber es hat es hinter den Ohren, und ich sage es nicht einem jeden. Aber Du kannst noch besser werden! Du mußt Dich mehr zusammennehmen, mehr sammeln, Du mußt Dich ernster und emsiger zu deinem eigentlichen Beruf, zum einzigen Beruf eines Mädchens, zur Hausfrau bilden. Die wahre Sparsamkeit ist die wahre Liberalität, wer Geld wegwirft, muß ein Geizhals oder ein Betrüger werden. Der Frauen Beruf ist der schwerste; die unausgesetzte Beschäftigung mit dem Kleinsten, das Auffangen eines jeden Regentropfens, damit er nicht in dem Sande verdunste, sondern zum Bache geleitet, Wohlstand und Segen verbreite, die stete unausgesetzte Beobachtung des einzelnen, die Wohltat jeden Augenblicks und die Benutzung jedes Augenblicks zur Wohltat, das, und alles, was Du Dir dazu denken wirst, sind die Pflichten, die schweren Pflichten der Frauen.

Es fehlt Dir wahrlich nicht am Gemüt, noch weniger am ernsten Willen, an der Sammlung, an der rechten Wahl und Würdigung Deiner Beschäftigung, wirst Du doch genug Stoff finden, Deine Kraft zu üben. Tu es, solange Du freiwillig kannst; ehe Du es zu tun gezwungen bist. Übe Dich, solange es Dir noch vergönnt ist, mit Deinen Eltern zu leben, vieles besser zu machen als diese. Gib dem Gebäude einen festen Grund, der Zierden wird es nicht ermangeln.

Doch ich will ja nicht predigen und bin noch nicht alt genug, schwatzhaft zu werden. Nimm noch einmal meine väterlichen Wünsche für Dein Wohl und meinen wohlgemeinten Rat zu Herzen.»[21] Abraham Mendelssohn will zwar nicht «predigen», unterlässt dies aber in keiner Zeile seines Briefes, der aus heutiger Sicht die Einschränkung der Fähigkeiten Fanny Mendelssohns bedeutet. Auf die intensive und öffentliche Ausübung ihrer Kunst hatte sie zu verzichten, ihre musikalischen Fähigkeiten sollten ihr nur zur «Zierde gereichen». Die Familie, so sah es der Vater, wird gehalten durch die Frau, sie gibt «dem Gebäude einen festen Grund», und ihre Aufgabe ist es, sparsam und sinnvoll zu wirtschaften. Diese Tätigkeiten werden von Abraham Mendelssohn als besonders «schwere Pflichten der Frauen» bezeichnet und erfahren somit eine gewisse Wertschätzung. Auch angesichts der sich entwickelnden bürgerlichen Gesellschaft des 19. Jahrhunderts mag es als wenig überraschend erscheinen, dass er seine Tochter vor «Experimenten der Lebensführung» warnt, die er zur Genüge bei seinen Schwestern Henriette Mendelssohn in Paris und Dorothea Veit-Schlegel kennen gelernt hatte und, überzeugt von der Bedeutung und Kraft der Familie, vielleicht auch aus Furcht vor einem weiteren Skandal, nicht in seiner eigenen erleben wollte. Der Standpunkt des Vaters wird aus den Bedingungen seiner Epoche heraus verständlich, doch hatte der Gehorsam Fanny Mendelssohns ihm und letztlich der Familie gegenüber, die ja dann später durch ihren Bruder Felix vertreten wurde, weit reichende Konsequenzen für ihre Lebensführung und ihre künstlerische Entwicklung. Wie gut kannte Abraham Mendelssohn überhaupt die Bedürfnisse seiner begabten Tochter? Offensichtlich hat sie die ihr auferlegte Begrenzung auf die festgefügte Rolle als Frau und Mutter als Einschränkung begriffen, wie aus dem bereits zitierten Brief an Carl Klingemann hervorgeht. Anlässlich ihrer Verlobung beklagt sie sich, dass ihr ihre *elende Weibsnatur jeden Tag, auf jedem Schritt von den Herren der Schöpfung* verdeutlicht würde, und dass sie die *in Wuth bringen könnte, wenn dadurch nicht das Übel ärger würde*.[22] Sie empfindet also die weibliche Rolle als einengend; die ständige Reduzierung ihrer Persönlichkeit auf die Tatsache, dass sie «nur» eine Frau ist, macht sie immer wieder wütend, obwohl sie sich diese Wut eigentlich nicht gestattet. Auch in ihrer Sicht ist das Weibliche das Sanfte und Zurückhaltende, Wut und Ärger zerstören aber jene weiblichen Tugenden.

Über die Reflexion ihrer eigenen Rolle als Frau hinaus enthalten die Briefe Fanny Mendelssohn-Hensels kritische Äuße-

Fanny Mendelssohn-Hensel.
Zeichnung von Wilhelm Hensel, undatiert

rungen zu ihren eigenen Werken, genaue Beobachtungen von Lebensweisen, Menschen und Landschaften und Betrachtungen zur politischen Lage in Preußen. Sie dokumentieren ihre literarischen Fähigkeiten, ihre Auffassungs- und Darstellungsgabe. Ihre Neugier galt neben der Musik auch anderen Gebieten der Kunst und der Wissenschaft. Sie nutzte die vielfältigen intellektuellen Möglichkeiten, die Berlin damals bot. So besuchte sie 1827 eine Vorlesung von Alexander von Humboldt und berichtet Carl Klingemann, nicht ohne wiederum ihre Frauenrolle zu reflektieren: *Das Gedränge ist fürchterlich, das Publikum imposant und das Kollegium interessant. Die Herren mögen spotten, soviel sie wollen, es ist herrlich, daß in unseren Tagen uns die Mittel geboten werden, auch einmal ein gescheites Wort zu hören, wir genießen dies Glück und müssen uns über das Spötteln zu trösten versuchen.*[23]

Alexander Freiherr von Humboldt (1769–1859) forschte gemeinsam mit dem französischen Botaniker A. Bonpland in dem Gebiet der heutigen Staaten Venezuela, Kuba, Kolumbien, Ecuador, Peru und Mexico und kehrte über die USA und Kuba nach Europa zurück. Er verwirklichte erstmals ökologische Landschaftsforschung. Seine umfangreichen Messungen auch der Meerestemperatur (=Humboldtstrom) wertete er in Zusammenarbeit mit Wissenschaftlern aus aller Welt in Paris aus. 1827 kehrte er nach Berlin zurück und hielt dort seine berühmten Vorlesungen.
Brockhaus Enzyklopädie, Bd. 10, 1989

Aus ihren Briefen und aus ihren Kompositionen tritt uns eine starke Persönlichkeit entgegen, eine Frau, die über eine außergewöhnliche Begabung und eine ungewöhnlich breite Bildung verfügte. In der Spannung zwischen den Anforderungen der Gesellschaft und der Familie an die Frau, zwischen dem internalisierten Gehorsam dem Vater gegenüber und den eigenen schöpferischen Fähigkeiten wurde Fanny Mendelssohn-Hensel nicht zur Rebellin wie ihre Tante Dorothea Veit-Schlegel. Ihre künstlerische Entwicklung konnte zwar beeinträchtigt, aber dennoch nicht verhindert werden. Dies bezeugen die Fülle und die Qualität ihrer Werke.

# Die Geschwister Fanny und Felix

An Fanny Hensel
München, den 14. Juni 1830

Da habe ich heut früh Euren Brief vom 5ten bekommen, und so bist Du noch immer nicht wohl; ich möchte gern bei Dir sein und Dich sehen und Dir was erzählen; es will aber nicht gehen. Da habe ich Dir denn ein Lied aufgeschrieben, wie ich's wünsche und meine; dabei habe ich Dein gedacht, und es ist mir sehr weich dabei. Neues ist wohl fast nicht darin; Du kennst mich ja und weißt, was ich bin; der bin ich denn immer noch, und so magst Du darüber lachen und Dich freuen; ich kann Dir wohl was anderes sagen und wünschen; was Besseres aber nicht. Weiter soll auch nichts in dem Brief stehn; daß ich Dein bin, weißt Du, – und so möge Dir Gott geben, was ich hoffe und bitte:

Die Widmung dieses «Liedes ohne Worte»[24] von Felix Mendelssohn an Fanny vermittelt eine Ahnung, wie tief die Geschwister in der Musik und über sie hinaus verbunden und verflochten waren. Beide eint ihre Liebe zu den großen Meistern der Musik und der Literatur wie Johann Sebastian Bach, Ludwig van Beethoven, Johann Wolfgang von Goethe und ihre Begeisterung für das Licht und die Kultur Italiens. In unzähligen Briefen teilen sich die Geschwister ihre Gefühle, Gedanken und Beobachtungen mit, und immer wieder wird diese besondere Vertrautheit spürbar. Fanny Mendelssohn-Hensel schreibt am 24./25. April 1829 an den Bruder in London: *Ach*

Felix
Mendelssohn
Bartholdy.
Veränderte
Replik des
Gemäldes
von Wilhelm
Hensel, 1844

*Felix, jetzt wird erst die Lücke fühlbar werden, bis jetzt war es mir noch immer, als kämest Du etwa mit den Andern wieder, die Gardinen in Deinen Fenstern sind hängengeblieben, u. am Tage sah ich fleißig herüber, ob Du wohl zu Hause bist, aber am Abend ists finster. Ueberhaupt, wie wir wol in tiefster Stille so im Innern etwas die Musik hören, so habe ich umgekehrt bei jedem Geräusch, mitten im Gespräch, u. bei allen hohen und niedern Geschäften des Lebens eine große Stille in mir, den Gedanken an Dich, der mich in keinem Moment verläßt. Lebe sehr wohl, und laß es Dir in Londons großem Lärm zuweilen heimlich und stille seyn.*[25] In der Formulierung, er möge es sich in London auch *stille seyn* lassen, verbirgt sich die Bitte, an Berlin, an die Menschen in der Leipziger Straße 3 und besonders an die Schwester zu denken. Vielleicht kann man diese Aufforderung auch so verstehen, dass sie durch das Aneinander-Denken an den *Geschäften* des Bruders in London teilhaben kann, die unmittelbar zu erleben ihr verwehrt ist.

Auch am Tag ihrer Hochzeit, am 3. Oktober 1829, denkt Fanny Mendelssohn-Hensel an den Bruder und schreibt ihm einen Brief, der für eine glückliche Braut doch recht ungewöhnlich ist: *Ich bin ganz ruhig, lieber Felix, und Dein Bild steht neben mir, aber indem ich Deinen Namen niederschreibe, und Du mir so dabei ganz vor leiblichen Augen stehst, weine ich, wie Du mit dem Magen, aber ich weine. Ich habe zwar immer gewußt, daß nichts kommen könnte, daß ich nichts Neues lernen würde, was Dich auch nur für den zehnten Teil eines Augenblicks aus meinem Gedächtnis entfernen könnte, ich freue mich aber es nun erlebt zu haben, und ich werde Dir morgen, und in jedem Moment meines Lebens dasselbe wiederholen können, und glaube nicht, Hensel damit Unrecht zu tun. Und daß Du mich so liebst, das hat mir einen großen innern Werth gegeben, und ich werde nie aufhören, sehr viel auf mich zu halten, so lange Du mich liebst.*[26] Das ist eher ein Liebesbrief an den Bruder als die Gedanken einer glücklichen Braut, die nichts mehr wünscht, als nach langer Wartezeit mit dem geliebten Mann vereint zu werden. Fanny Mendelssohn-Hensel ist sich der Bedeutung ihrer Worte durchaus bewusst. Sie nimmt den Einwand, sie könne Wilhelm Hensel unrecht tun, indem sie den Bruder weiterhin liebe, vorweg und rechtfertigt sich durch die unterschiedliche Qualität ihrer Liebe zu ihrem Mann und zu ihrem Bruder. Letztlich war Felix Mendelssohn der künstlerische Partner in einer «schöpferischen musikalischen Welt», Wilhelm Hensel wohl eher der des realen Lebens; Künstler auch er, aber nicht im gleichen Metier.

Auch Felix Mendelssohn scheint die Hochzeit seiner Schwester als einen tiefen Einschnitt in sein Leben empfunden zu haben, mit dem er sich auseinander setzte. Am 2. Oktober 1829 schreibt er an den Vater in Berlin: «Morgen ist der Hochzeitstag meiner Schwester, und heut höre ich doch weder Glockenläuten noch eine frohe Orgel, und sehe keine bunten Prachtkleider, denn ich bin so fern. – Und meine Gedanken sind nicht feyerlich und hoch bewegt, sondern sie sind bitter und müde. Ich sehne mich fort von hier, fort, fort und weit fort, und kann es doch noch nicht, das macht mich bitter und müde. Seit sechs Jahren hab ich mir den Hochzeitstag meiner

Cécile Mendels-
sohn Bartholdy,
geb. Jean-
renaud.
Zeichnung von
Wilhelm Hensel

Schwester ausgemalt; seit meiner Entfernung von Euch frug ich mich wenn ich nachdenkend war, wo mich der Tag treffen würde, wie er mich bewegen würde. [...] Aber heut u. morgen sieht alles wüst aus um mich, denn weit fort möchte ich sein.»[27]

Felix Mendelssohn heiratete erst am 28. März 1837 Cécile Jeanrenaud, die er in Frankfurt kennen gelernt hatte und die ihm jene Atmosphäre bot, in der er arbeiten und sich erholen konnte. Sie war keine künstlerische Konkurrenz zur Schwester Fanny, verfügte jedoch über eine schöne Stimme und bekundete großes Interesse an den Kompositionen ihrer Schwägerin. Die Partnerwahl der Geschwister schuf eine weitere Voraussetzung zu intensiver Kommunikation. Dafür spricht allein schon die Menge der Briefe, die sie sich geschrieben haben. Zwar forderte die Briefkultur der Romantik fast überschwängliche Gefühlsäußerungen; neben Einblicken in die Gefühlswelt enthalten die Briefe aber auch Vorschläge zur Überarbeitung der jeweiligen Kompositionsversuche, dienen dem Austausch von Reiseerlebnissen und berichten von Begegnungen mit den unterschiedlichsten Persönlichkeiten. Kaum andere als Bruder und Schwester sind in der Lage, einen Austausch so intensiv zu führen. Wer, wenn nicht der andere Teil des gleich begabten Geschwisterpaars, sollte die Probleme beim Komponieren verstehen oder auch ein Gespräch über Kunst- und Kunstbetrachtung führen, das über Smalltalk hinausging? Wer aus dem Kreis Gleichaltriger in ihrer Umgebung verfügte über eine so umfassende Bildung? Schließlich genossen nur wenige Kinder und Jugendliche zu Beginn des 19. Jahrhunderts den Vorzug einer anregenden häuslichen Atmosphäre und sorgfältiger Unterrichtung. All diese Möglichkeiten bot die Familie Mendelssohn ihren Kindern. Zugleich diente sie als sicherer Ort vor Anfeindungen von außen, mit denen eine jüdische Familie immer zu rechnen hatte. Ein Großteil des intellektuellen Austauschs blieb damit in der Familie. Fanny, die Ältere, war Freundin und Beraterin des Jüngeren, bis Felix das Haus verließ.

Auch wenn im Laufe der beiderseitigen Entwicklung eine gewisse Resignation bei Fanny Mendelssohn nicht zu übersehen ist sowie eine *Ängstlichkeit*, den Bruder zu verletzen, *[...] so habe ich immer, neben der Liebe für ihn, und der Freude an seinen Gaben, eine seltsame Unruhe und Unbefriedigung empfunden, die daraus entstehen mag, dass man sich so sehr mit ihm in Acht nehmen muß, um ihn nicht zu verletzen, und dadurch leicht in eine Ängstlichkeit geräth, die man gegen die nächsten Seinigen nicht empfinden sollte*[28], die musikalischen und persönlichen Gespräche über Kompositionen, Erlebnisse und Menschen rissen dennoch nicht ab. Aber immer bleibt ein leichtes Unbehagen bei der Entdeckung jener *Ängstlichkeit, die man den Seinigen gegenüber* nicht haben sollte. War Felix Mendelssohn zu sehr belastet mit all seinen Tätigkeiten, mit Komponieren, Organisieren, Dirigieren, Korrespondieren und Reisen, sodass er auf die Ansprüche seiner Schwester gereizt reagierte?

Und doch, die Bewunderung der Geschwister füreinander blieb gegenseitig, bei Fanny Mendelssohn-Hensel kam aber

Felix am Klavier.
Zeichnung von
Wilhelm Hensel

noch die mütterliche Empfindung des Beschützen-Müssens hinzu; so schreibt sie am 29./30. November 1821 an Felix: *Du fehlst einem spät und früh, lieber Sohn*[29], und am 25. April 1825: *Mein Sohn, Deine Briefe sind ja ganz aus Kritik zusammengenäht [...]*.[30] Ein anderer Brief verrät jedoch auch eine gewisse Furcht vor Mendelssohn, der einen *dämonischen Einfluß* auf sie ausübe: *Ich glaube, wenn Du mir im Ernst vorschlügst, ein guter Mathematiker zu werden, so würde ich keine besondere Schwierigkeit dabei finden, eben so wie ich morgen keine Musik mehr machen könnte, wenn Du meintest, ich könne keine machen. Nimm Dich daher mit mir in Acht.*[31] Fast könnte man diesem Bekenntnis eine Art Abhängigkeit vom Urteil des mittlerweile international erfolgreichen Bruders entnehmen. Als Fanny Mendelssohn-Hensel diesen Brief schrieb, war sie jedoch längst couragiert und selbstbewusst genug, um sich aus dieser eher abhängigen Rolle zu befreien.

Die Bewunderung Felix Mendelssohns für die pianistische Kunst der Schwester geht aus einem Brief hervor, den er ihr am 11. Juni 1830 aus München schrieb; Anerkennung, aber auch Eingrenzung werden hier deutlich. Sie ist die große Pianistin, aber im «Hinterhaus»! Felix erzählt in diesem Brief von der Pianistin Delphine Schauroth, mit der er zusammen spielte, die er auch allein spielen hörte und überaus schätzte. Er schreibt: «[...] fiel mir plötzlich ein, dass wir im Hinterhause ein Frauenzimmer besäßen, das von der Musik doch eine gewisse andere Idee im Kopf hätte, als viele Damen zusammengenommen, und ich dachte, ich wollte ihr diesen Brief schreiben, wollte sie so herzlich grüßen; die Dame bist Du nun freilich, aber ich sage Dir, Fanny, daß ich an gewisse Stücke von Dir nur zu denken brauche, um recht weich und aufrichtig zu werden, obgleich man doch in Süddeutschland viel lügen muss. [...] Kannst auch Klavier spielen, und wenn Du einen größeren Anbeter brauchst als mich, so kannst Du Dir ihn malen oder Dich von ihm malen lassen.»[32] «Kannst auch Klavier spielen», schreibt Felix Mendelssohn und untertreibt damit außerordentlich. Er wusste doch, dass seine Schwester ebenso gut oder besser zu musizieren verstand als eine professionelle Musikerin und zudem noch komponierte, und hat wohl gemerkt, dass diese Äußerung sie verletzen musste und suchte sie schnell seiner Bewunderung zu versichern. Hatte er vielleicht ein schlechtes Gewissen, dass sie, die begabte Schwester, als «Frauenzimmer im Hinterhaus» verkümmerte, wo doch andere gute und von ihm geachtete Pianistinnen wie Delphine Schauroth, der er unter anderem eines seiner Klavierkonzerte widmete und mit der ihn wohl auch mehr als Freundschaft verband, oder Clara Schumann, mit der er später in Leipzig häufig konzertierte, mit ihm in der Öffentlichkeit standen? Musste nicht auch seine Bewunderung für die junge Pianistin und Komponistin Josephine Lang bei der Schwester Fanny ein gewisses Befremden ausgelöst haben, wenn er an die Familie schreibt, dass Josephine Lang Lieder vertont habe und in jedem besonderes Talent sichtbar werde? Fanny Mendelssohn-Hensel übrigens hatte diese Lieder bereits gespielt, bevor Felix sie ihr sandte und war erfreut, ein eigenes, nicht von Felix vorgegebenes Urteil über diese Lieder formuliert zu haben: *Es war mir ordentlich angenehm, daß mich das Schicksal diesmal davor bewahrt hatte, ein Papagei zu seyn, wenn ich Dein Urteil über etwas kenne, bin ich immer ungewiß, ob ich nur nachfinde oder wirklich auch finde.*[33]

Felix Mendelssohn schätzte die Kompositionen seiner Schwester so sehr, dass er einige ihrer Lieder in den Lieder-sammlungen unter seinem Namen veröffentlicht. So erschienen 1827 op. 8 Nr. 2 «Das Heimweh», Nr. 3 «Italien», Nr. 12 «Suleika und Hatem» und 1830 op. 9 Nr. 7 «Sehnsucht», Nr. 10 «Verlust», Nr. 12 «Die Nonne». Diese Lieder zeigen Fanny Mendelssohn-Hensels großes Geschick, mit dichterischen Texten umzugehen, die Aussagen mit einem musikalischen Gewand zu umgeben, das den Gehalt der Gedichte erspüren lässt. In dem Lied «Verlust» nach Heinrich Heine wird ihre kompositorische Professionalität besonders deutlich – und der Bruder hat dies offensichtlich erkannt. Die Verzweiflung ist abgrundtief, unaufhaltsam und endet in nichts als Tränen. Für den «Verlust» gibt es bei Fanny Mendelssohn-Hensel keinen Trost, die Hoffnung auf Freude wird nicht erfüllt, die Grundtonart des Liedes wird am Schluss nicht erreicht, statt in d-moll endet das Lied in A-Dur, der Dominante der Molltonart. Die Komponistin betont die Leere in der Seele der Liebenden, ein Zurück zum Anfang der Liebe ist nach dem Verlust des Geliebten nicht mehr möglich.

Obwohl er die kompositorischen Fähigkeiten seiner Schwester kannte und offensichtlich von ihnen überzeugt war, verweigerte Felix Mendelssohn jedoch bis kurz vor ihrem Tod die Zustimmung zur Veröffentlichung ihrer Lieder und Klavierstücke «Lieder ohne Worte», ihrer Kammermusik und Chor- und Orchesterwerke. Andererseits lässt er sie alle seine Werke Korrektur lesen und hält große Stücke auf die ihren. «Wenn Du glaubst, daß mir deine neueren Compositionen

irgendwie Deinen früheren nachzustehen scheinen, so irrst Du
Dich ganz und gar, […] und Du weißt auch, daß es früher ganze
Bücher von Dir gab, die mir weniger lieb waren, als andere von
Dir, weil ich eben mal meines Zeichens ein Schuhu [überkriti-
scher Zensor; Spitzname] bin und zur wilden Nation der Brüder
gehöre. Wie ich aber alle Deine Sachen lieb habe, und nun gar
die, die mir so recht ans Herz gewachsen sind, das weißt Du,
und sollst mir umgehend schreiben, daß Du mir Unrecht thust,
wenn Du mich für einen geschmacklosen Menschen hältst,
und daß Du das nicht wieder thun willst.»[34] Offensichtlich hatte Fanny Mendelssohn-Hensel ihn kritisiert; sie war wohl mit
einigen seiner Beurteilungen ihrer Kompositionen nicht einverstanden und hatte dies ihm auch deutlich mitgeteilt.

Auch scheint die Bezeichnung seiner Klavierstücke «Lieder ohne Worte» auf einer Idee Fanny Mendelssohn-Hensels
zu beruhen, sie schreibt am 27. Dezember 1833: *Heut habe ich
meinem Sonntagspublikum Deine neuen Sachen vorgespielt, Publi-
cus war sehr entzückt. Das erste Lied, es dur, hast Du offenbar nur
für das Clavier geschrieben, weil Du keine Worte dazu fandest, denn
es ist ja ein wirkliches Lied u. sehr schön declamirt.*[35] Ferner gibt sie
dem Bruder ausführliche Ratschläge zu seiner Komposition
«Die schöne Melusine», in ihrem Brief vom 28. Februar 1834
heißt es: *Noch einmal auf Deine Melusine zurückzukommen, so will
ich Dir auch jetzt die Kleinigkeit sagen, die mir nicht dran gefällt, das
ist also erstlich die erste Ausweichung nach der Dominante, ein
Punkt, über den Du Dich selbst oft beklagt hast. Dagegen bist Du sehr
schön nach f dur gekommen. Der ganze Mittelsatz mit dem Gesange
in as dur ist wunderschön. Dann kommt eine Stelle, die mir nicht gefällt, u. wo ich wetten möchte, dass Du Dich damit gequält hast.*[36]
Fanny Mendelssohn-Hensel benennt diese Stelle genau und
macht den Bruder auf die ungeschickte musikalische Wendung aufmerksam, um ihn zu veranlassen, hier zu ändern.
Dennoch tritt sie zum Schluss quasi hinter ihre Ratschläge
zurück und ironisiert sich selbst: *Indem ichs jetzt wieder überlese,
möchte ich den Brief lieber zerreißen, dann würdest Du aber nicht
das Glück haben, außer den Wachslichten auch Durch meine Weis-
heit erleuchtet zu werden, es sey also. Schreibe mir aber daß ich ein*

*Dummkopf bin, u. will die Hand küssen.*[37] Nicht nur, dass sie ihn korrigiert, er selbst scheint sie immer wieder um Änderungsvorschläge gebeten zu haben, denn sie schreibt am 20. Januar 1834: *Für die eine Stelle in der Fuge will ich Deinem Wunsch gemäß eine Aenderung vorschlagen.*[38] Am 22. Januar fährt sie dann fort: *Also könntest Du nicht nach dieser Stelle mit Uebergehung einer ganzen Zeile gleich ins Unisono kommen? Es müßten denn einige Noten geändert werden. Der Schluß dachte ich ließe sich auch leise etwas voller machen.*[39]

In der künstlerischen Auseinandersetzung der Geschwister hat Fanny Mendelssohn-Hensel oft deutlich ihre Auffassungen vertreten. Wie anders wäre es sonst zu erklären, dass Mendelssohn seine Konzeption der «Lieder im Freien zu singen» ihr gegenüber so heftig verteidigte? Auch Fanny Mendelssohn-Hensel hatte dieses Genre des Lieds für sich entdeckt und hatte eigene Ideen zu dieser Art geselliger Musik im privaten Kreis entwickelt. Ihre *Gartenlieder* sind überwiegend homophone vierstimmige Lieder mit Klavierbegleitung zu Texten von Goethe und Eichendorff, aber auch von Wilhelm Hensel. Die Melodien dieser musikalischen Naturerlebnisse verlangen eine geübte Stimme und die Fähigkeit zur Realisation von Tempowechseln und dynamischen Abstufungen. Diese neue Form des geselligen Chorlieds war eher für Laien gedacht. In der Auseinandersetzung über die Komposition derartiger Gartenlieder schreibt Felix Mendelssohn am 7. April 1834 aus Düsseldorf: «Du willst mich noch coramieren wegen der Vierstimmigkeit meiner Volkslieder, aber da bin ich beschlagen. Mir scheint das nämlich die einzige Art, wie man Volkslieder schreiben kann, weil jede Klavierbegleitung nach dem Zimmer und nach dem Notenschrank schmeckt und weil also vier Singstimmen am einfachsten so ein Lied ohne Instrument vortragen können; und wenn der Grund zu ästhetisch ist, so nimm den, daß ich für Woringens, die dergleichen reizend singen, gern etwas der Art schreiben wollte. Im Ernst aber finde ich, daß das Vierstimmige sowohl zum Text (als Volkslied) als auch zu meiner Auffassung paßt, und somit divergiren wir entsetzlich.»[40]

Auch Felix Mendelssohn spart nicht mit deutlichen Worten. In einem langen «Musikerbrief» aus Paris kritisiert er ihre Kantaten *Hiob* und *Lobgesang*, sowie die *Choleramusik* (bekannt als *Oratorium nach Bildern der Bibel*) aus dem Jahr 1831. Seine Einwände werden hier sehr massiv, mal ironisch wohl meinend im flapsigen Jargon geschwisterlicher Vertrautheit formuliert, mal eher im Stil eines wissenden gewandten Profis gegenüber einem Laien: «Wie Teufel kannst Du Dich unterfangen, Deine G-Hörner so hoch zu setzen? Hast Du je ein G-Horn das hohe G nehmen hören, ohne daß es gequackelt hätte? Ich frage nur Dies! […] Weißt Du nicht, daß man einen Gewerbeschein lösen muß, um das tiefe H in den Hoboen zu schreiben, und daß er nur bei besonderen Anlässen erteilt wird, z. B. bei Hexen oder einem großen Schmerz?» Und dann heißt es – offenbar auf Mendelssohn-Hensels *Choleramusik* bezogen: «So ist also mein Resumé, daß ich Dich in der Wahl des Textes bedächtiger haben möchte, weil am Ende nicht Alles, was in der Bibel steht und auf das Thema paßt, Musik enthält; aber wahrscheinlich hast Du nun schon in der neuen Cantate meine Bedenken beseitigt, ohne sie zu kennen, und ich falle weg. Dann ist es desto besser, und dann mach Du mich herunter wegen Diffamation.»[41] Dieser intensive kollegiale Austausch, diese gegenseitige produktive, aber auch deutliche Kritik an Ideen und Kompositionen, und der Beispiele sind noch viele mehr, auch die Achtung, die Felix Mendelssohn den Werken seiner Schwester zollte, hinderten ihn nicht daran, Fanny Mendelssohn-Hensels Kompositionen der Öffentlichkeit vorzuenthalten. Er gab diese heute eher unverständliche Haltung auch nicht auf, als Lea Mendelssohn ihren Sohn bat, Fanny zur Veröffentlichung ihrer Werke zu ermuntern und ihr dabei zu helfen. Auf ihre Bitte erhält sie eine Absage: «Du schreibst mir über Fannys neue Stücke und sagst mir, ich solle ihr zureden, sie herauszugeben. Du lobst mir ihre neuen Kompositionen, und das ist wahrhaftig nicht nötig, damit ich mich von Herzen darauf freue und sie für schön und trefflich halte, denn ich weiß ja, von wem sie sind. Auch darüber, hoffe ich, brauche ich nicht ein Wort zu sagen, daß ich, sowie sie sich entschließt, etwas herauszugeben, ihr die Gelegenheit dazu soviel ich kann verschaffen und ihr alle Mühe dabei, die sich ersparen läßt, ersparen werde. Aber ihr zureden, etwas zu publizieren, kann ich nicht, weil es gegen meine Ansicht und Überzeugung ist.» [42] Was hat Lea wohl darauf geantwortet? Wie mag Fanny Mendelssohn-Hensel empfunden haben angesichts einer derartig deutlichen Zurückweisung der Bitte der Mutter? Felix Mendelssohn steht hier offensichtlich in der Tradition des Vaters und der herrschenden Rollenbilder, die er nicht hinterfragt, sondern als gegeben hinnimmt. Seine Erklärung, er wolle der Schwester bei der Veröffentlichung helfen, sollte sie sich selbst dazu entschließen, ist halbherzig. Ohne Zweifel ist er absolut gegen eine Veröffentlichung ihrer Werke. Er begründet dies weiter unten im zitierten Brief an seine Mutter damit, dass Fanny ja Komposition nicht mit vollem Ernst betreibe, dass zu einem Auftreten als Komponistin eine Reihe von Werken gehöre und dass er ihr den Verdruss, den sie in der Öffentlichkeit erwarten könne, wenn sie sich dieser stellt, ersparen wolle: «Und zu einer Autorschaft hat Fanny, wie ich sie kenne, weder Lust noch Beruf – dazu ist sie zu sehr eine Frau, wie es recht ist, sorgt für ihr Haus und denkt weder ans Publikum noch an die musikalische Welt, noch sogar an die Musik, außer, wenn jener erste Beruf erfüllt ist.» [43] Diese Zeilen verraten das eingrenzende Denken einer «wilden Nation der Brüder», die ihren Schwestern ihre Sicht der Dinge aufzwingt. Offensichtlich hatte Felix Mendelssohn die Sehnsucht seiner Schwester nach öffentlicher Anerkennung erst gar nicht wahr- oder zumindest nicht ernst genommen. Er reduziert sie immer wieder auf ihre der Zeit gemäßen Rolle als Hausfrau und Mutter. So auch in dem Geburtstagsbrief aus Rom vom 16. November 1830, wo er sie zurechtweist, nachdem sie sich nach der Geburt ihres Sohnes Sebastian beklagt hat, weniger musikalische Ideen zu haben: «Denn daß ich Dir auch etwas musikalische Ideen wünschen sollte, ist einem Menschen meines Calibers gar nicht zuzumuthen. Es ist auch Ungenügsamkeit, wenn Du Dich über den Mangel daran beklagst; per Baco, wenn Du Lust hättest, würdest Du schon componiren, was das Zeug hält, und wenn

Du nicht Lust hast, warum grämst Du Dich entsetzlich? [...]
Aber im Ernst, – das Kind ist noch kein halbes Jahr alt, und
Du willst schon andere Ideen haben, als an Sebastian? (nicht
Bach!) Freu Dich, daß Du es da hast; und die Musik bleibt nur
aus, wenn sie eben kein Platz hat, und es nimmt nicht Wunder,
daß Du keine Rabenmutter bist.»[44] Sicher hat dieser Brief Fanny
Mendelssohn-Hensel enttäuscht und verletzt. Jetzt wo sie
ein Kind hat, soll sie sich allein auf dessen Erziehung und Ver-
sorgung beschränken, so beglückend dies auch sein mag? Jetzt
hat sie kein Recht mehr, sich künstlerisch auszudrücken, jetzt
ist sie Mutter mit allen Pflichten und hat das Schicksal so vieler begabter Frauen aller Zeiten zu teilen! Warum hat man den
Eindruck, Felix Mendelssohn wolle die Geburt Sebastians dazu
benutzen, die Konkurrentin im eigenen Haus, deren Vorzüge er
ja außerordentlich gut kannte, auszuschalten mit der Begrün-
dung, wenn eine Frau ein Kind habe, so habe nichts anderes bei
ihr Platz? Warum wehrte sich Fanny Mendelssohn-Hensel
nicht gegen die Unterstellungen des Bruders, sie betreibe das
Komponieren nur, weil sie «Lust» darauf habe, ihre wahre Bestimmung sei aber die Mutterschaft. War vielleicht Ermunterung durch den Bruder die Voraussetzung zum Komponieren
und zur Veröffentlichung? Fanny Mendelssohn-Hensel scheint
in der Liebe zum Vater und zum Bruder auch die Verpflichtung,
ihnen alles Recht machen zu wollen, gesehen, ja den vom Vater
geforderten Gehorsam verinnerlicht zu haben. In dem Brief, in
dem Sie Felix Mendelssohn auf die fehlenden Informationen
zu seinem Oratorium «Paulus» hinweist, findet sich eine Bestätigung dafür: *Eigentlich sollte ich Dir jetzt gar nicht zumuthen,
diesen Quark zu lesen, beschäftigt wie Du bist, wenn ich Dir nicht hätte schreiben müssen, um Dir etwas mitzuteilen. Da ich aber von Anfang an weiß, daß es Dir nicht recht ist, so werde ich mich etwas un-
geschickt dazu anstellen, denn lache mich aus oder nicht, ich habe mit
40 Jahren eine Furcht vor meinen Brüdern, wie ich sie mit 14 vor meinem Vater gehabt habe, oder vielmehr Furcht ist nicht das rechte
Wort, sondern der Wunsch, Euch Allen die ich liebe, es in meinem
ganzen Leben recht zu machen, u. wenn ich nun vorher weiß, daß es
nicht der Fall sein wird, so fühle ich mich rather unbehaglich dabei.*

*Mit einem Wort, ich fange an herauszugeben, ich habe Herrn Bock's treuer Liebeswerbung um meine Lieder, u. seinen vortheilhaften Bedingungen endlich ein geneigtes Ohr geliehn. [...] Schande hoffe ich Euch nicht damit zu machen, da ich keine femme libre u. leider gar kein junges Deutschland bin.*[45] Hier zeigt sich der innere Zwiespalt Fanny Mendelssohn-Hensels zwischen tradiertem Rollenverständnis und künstlerischem Selbstbewusstsein. Ihren Entschluss zur Publikation deckt sie mit der Bemerkung, sie bereite ja niemandem Schande, denn sie sei ja keine *femme libre*, also keine unanständige Frau, die gegen die Gesetze der guten Gesellschaft verstößt, und gehöre zudem nicht zur revolutionären Bewegung des Jungen Deutschland – was sie allerdings bedauert. Ihr Brief wird ironisch, wenn sie weiter schreibt: *Verdruß wirst Du hoffentlich auch auf keine Weise dabei haben, da ich, um Dir jeden etwa unangenehmen Moment zu ersparen, wie Du siehst, durchaus selbständig verfahren bin, u. so hoffe ich, wirst Du es mir nicht übel nehmen.*[46] Bissig wird sie auch an anderer Stelle: So lässt sie in einen Brief an Felix Mendelssohn einfließen, sie werde dem *Dr. Mendelssohn* die Lieder schon schicken, wenn sie fertig sind. Sie bekennt, der Öffentlichkeit als Anregung zum Komponieren zu bedürfen: *Gelingt es, d. h. daß die Sachen gefallen, u. ich mehr Anerbietung bekomme, so weiß ich, daß es mir eine große Anregung seyn wird, deren ich immer bedarf, um etwas hervorzubringen*[47]; bleibt die öffentliche Anerkennung aus, dann wird sie dies mit Gleichmut ertragen: *[...] im anderen falle, bin ich soweit, wie ich immer gewesen bin, werde mich nicht grämen, u. wenn ich dann weniger oder nichts mehr arbeite, so ist ja dann auch nichts dabei verloren.*[48]

Endlich, im Alter von vierzig Jahren, setzt sich Fanny Mendelssohn-Hensel über die ihr auferlegte Zurückhaltung hinweg. Noch zehn Jahre zuvor stand sie *wie der Esel zwischen zwei Heubündeln* vor der Frage des Veröffentlichens: *Ich selbst bin ziemlich neutral dabei, es ist mir aufrichtig gestanden einerlei, Hensel wünscht es, Du bist dagegen, in jeder anderen Sache würde ich natürlich dem Wunsch meines Mannes unbedingt Folge leisten, allein hierbei ist es mir doch zu wichtig, Deine Beistimmung zu haben, ohne dieselbe möchte ich nichts der Art unternehmen.*[49]

Wie sehr Fanny Mendelssohn-Hensel das Publikum, das Felix Mendelssohn so selbstverständlich fand, die Öffentlichkeit für ihre Musik ihr Leben lang vermisste, zeigt der Brief vom 15. Juli 1836 an den gemeinsamen Freund Carl Klingemann: *Ich lege zwei Klavierstücke, die ich seit Düsseldorf geschrieben, für sie bei, Sie mögen beurteilen, ob sie sich eignen, meiner unbekannten jungen Freundin in die Hände zu kommen; ich überlasse es ganz Ihnen, kann aber nicht unterlassen, zu sagen, wie angenehm es mir ist, in London für meine kleinen Sachen ein Publikum zu finden, das mir hier ganz fehlt.*[50] Im März 1838 ist sie ganz resigniert, sie schreibt an den Bruder: *Lieber Felix, komponiert habe ich in diesem Winter rein gar nichts, musiziert freilich desto mehr, aber wie einem zu Mut ist, der ein Lied machen will, weiß ich gar nicht mehr. Ob das wohl noch wieder kommt, oder ob Abraham alt war? Was ist übrigens daran gelegen? Kräht ja doch kein Hahn danach und tanzt niemand nach meiner Pfeife.*[51] Ihr war also bewusst, dass eine öffentliche Auseinandersetzung mit ihren Werken ihre Schaffenskraft wieder beflügelt hätte. Beide Briefe zeigen, dass sie das Fehlen von Öffentlichkeit als Mangel verstand. Ihre eigene Auffassung und Bewertung ihrer Kompositionstätigkeit fasst sie selbstkritisch in einem Brief an Felix Mendelssohn vom 17. Februar 1835 zusammen: *Ich habe nachgedacht, wie ich eigentlich gar nicht excentrische oder hypersentimentale Person zu der weichlichen Schreibart komme? [...] Es ist nicht sowohl die Schreibart an der es fehlt, als ein gewisses Lebensprinzip, u. diesem Mangel zufolge sterben meine längern Sache in ihrer Jugend an Altersschwäche, es fehlt mir die Kraft, die Gedanken gehörig festzuhalten, ihnen die nöthige Consistenz zu geben. Daher gelingen mir am besten Lieder, wozu nur allenfalls ein hübscher Einfall ohne viel Kraft der Durchführung gehört.*[52] Hier ist die Komponistin allzu bescheiden, sie sucht den Grund für ihren fehlenden Erfolg allein in ihrer *weichlichen Schreibart.* Ihre realistische Einschätzung der Bedeutung vielfältiger Erlebnisse und Einflüsse für die schöpferischen Fähigkeiten verweist einmal mehr auf den ständigen Vergleich der Geschwister und ihr hohes Maß an Selbstreflexion.

Ihr Mann, der Kunstmaler Wilhelm Hensel, förderte hingegen die musikalischen Talente seiner Frau nachhaltig, er er-

Brief Felix Mendelssohn Bartholdys an Fanny mit der Nachricht
von der Geburt seiner Tochter Marie, 3. Oktober 1839

munterte sie zu komponieren und half ihr bei der Durchführung der «Sonntagsmusiken». Dort musizierte sie selbst, interpretierte Werke von Bach und Beethoven, die ihres Bruders und anderer Zeitgenossen, seltener jedoch ihre eigenen. Bei aller Bescheidenheit und selbstkritischen Betrachtung war sie sich ihrer Fähigkeiten durchaus bewusst. Dies zeigt eine Tagebucheintragung: *Felix ist jetzt wieder überaus liebenswürdig und sein Spiel, glaube ich, herrlicher als je. Der ganze Dilettantenplunder wird einem wirklich ekelhaft verächtlich, wenn man wieder einmal sieht, was Kunst ist. Wenn ich nicht alles liegenlasse, so kommt das einesteils daher, daß ich mir, wenn Felix nicht da ist, doch gar nicht so plundrig vorkomme, sondern mich schon mehr achte, dann aber kann ich es meinem Mann nicht zuleide tun, der außer sich sein würde.*[53] Wenn Felix nicht anwesend ist, empfindet sie sich also nicht als Dilettantin? Offensichtlich hatte sie genug Vertrauen in ihr Können, nahm sich jedoch immer vor dem weltgewandten, weit gereisten und erfolgreichen Bruder zurück. Wie sehr Wilhelm Hensel seine Frau unterstützte, lässt sich ebenfalls aus diesen wenigen Zeilen erschließen. Unterstützte er sie gegen Mendelssohn?

Fanny Mendelssohn-Hensel wird immer mutiger und sicherer in der Beurteilung ihrer eigenen Kompositionen; sie hatte sich während des Rom-Aufenthaltes der Familie 1839 / 40 entfalten können und dort bewundernde Anerkennung gefunden. Ihr Brief vom 24. November 1843 an den Musiker und Verleger Franz Hauser enthält eine ironische Charakterisierung ihrer Situation: *Hochverehrter Herr und Freund! Hierbei erfolgt das Musikstück, durch welches ich, Ihrem freundlichen Verlangen zufolge, den kühnen Versuch machen will, mich zur Würde eines Mitglieds Ihres Vereins aufzuschwingen. Verzeihen und rügen Sie alle darin vorkommenden weiblichen und dilettantischen Pferdefüße, ein Dilettant ist schon ein schreckliches Geschöpf, ein weiblicher Autor ein noch schrecklicheres, wenn aber Beides sich in einer Person vereinige, wird natürlich das allerschrecklichste Wesen daraus.*[54] Immer mehr wird dies *allerschrecklichste Wesen* nun gedrängt, seine Werke zu veröffentlichen. Der Referendar Robert von Keudell, der zu der Zeit in den Hensel'schen Freundeskreis eingeführt wird, ermuntert sie dazu, die Verleger Schlesinger und Bote und Bock machen ihr interessante Angebote. So gibt sie schließlich 1846 unter op. 1 *Sechs Lieder für eine Singstimme mit Begleitung des Pianoforte* bei Bote und Bock heraus, es folgt op. 2, *Vier Lieder für Pianoforte*, ebenfalls bei Bote und Bock, dann ihr op. 3, die *Gartenlieder*, die 1847 erscheinen, op. 4 und op. 5, *Six Mélodies pour le Piano*, auch im Jahr 1847 bei Schlesinger wie op. 6, *Vier Lieder für das Pianoforte*, diesmal wieder bei Bote und Bock. Sebastian Hensel bemerkt, dass seine Mutter in der kurzen Zeit, die sie noch zu leben hatte, «nichts als Freude von ihrer Autorlaufbahn gehabt»[55] habe. Felix Mendelssohn reagierte bezeichnenderweise lange nicht auf ihren Entschluss, nun doch zu publizieren. Fanny Mendelssohn-Hensel schreibt am 14. November 1846 in ihr Tagebuch: *Endlich hat Felix geschrieben und mir auf sehr liebenswürdige Weise seinen Handwerkssegen erteilt; weiß ich auch, daß es ihm eigentlich im Herzen nicht recht ist, so freut mich doch, daß er endlich ein freundliches Wort mir darüber gegönnt.*[56] Der Brief des Bruders mit seinem *Handwerkssegen* vom 12. August 1846 klingt humoristisch, aber der Stil ist keineswegs so unbeschwert wie der Stil vieler anderer Briefe. An dieser eher gezwungenen Lockerheit mag Fanny Mendelssohn-Hensel auch seinen eigentlichen Vorbehalt gespürt haben. «Mein liebster Fenchel, erst heut, kurz vor meiner Abreise, komme ich Rabenbruder dazu, Dir für Deinen lieben Brief zu danken und Dir meinen Handwerkssegen zu geben zu dem Entschluß, Dich auch unter unsere Zunft zu begeben. Hiermit erteile ich ihn Dir, Fenchel, und mögest Du Vergnügen und Freude daran haben, daß Du den andern so viel Freude und Genuß bereitest, und mögest Du nur Autor-Plaisir und gar keine Autor-Misere kennen lernen, und möge das Publikum Dich nur mit Rosen und niemals mit Sand bewerfen, und möge die Druckerschwärze Dir niemals drückend und schwarz erscheinen, – eigentlich glaube ich, an alledem ist kein Zweifel denkbar. Warum wünsche ich Dirs also erst? Es ist nur so von Zunft wegen, und damit ich auch meinen Segen dazu gegeben haben möge, wie hierdurch geschieht. Der Tafelschneidergeselle Felix Mendelssohn Bartholdy.»[57] «An alledem ist kein Zweifel denkbar», schreibt Felix Mendelssohn, und meint Erfolg und Anerkennung für seine Schwester. Weshalb hat er sie aber so lange an der Veröffentlichung gehindert, sie nicht darin unterstützt? Waren es allein die familiären Traditionen und die Lebensbedingungen des 19. Jahrhunderts, war es allein die Rolle des Familienoberhauptes, die er nach dem Tod Abrahams in dessen Sinne übernahm, oder war es maßgeblich der gewünschte Familienzusammenhalt, dessen Kräfte gerade ausreichten, um ein Mitglied dabei zu unterstützen, «berühmt» zu werden? Gab es nicht auch geheime, vielleicht nicht eingestandene Konkurrenz-Ängste, deren Ausdruck durch manche Briefe Felix Mendelssohns hindurchschimmert und die zu außerordentlichen Enttäuschungen bei der Schwester geführt haben müssen? Ist diese Angst die dunkle Kehrseite der Anerkennung, die der Bruder seiner Schwester zollen muss? Oder wollte er, der die Zwänge des Öffentlichkeitsbetriebes kannte und die Kritiken in den Fachzeitschriften ertragen musste, seine Fanny vor diesen Verrissen bewahren? Vielleicht konnte er einfach keine «berühmten Frauen» ertragen, wie es eine Beobachtung Eduard Devrients glauben lassen mag, die Mendelssohns Reaktion auf das Ehepaar Varnhagen beschreibt: «So umgab das Ehepaar doch eine gewisse Prätension, die für Felix sehr unbehaglich war. Er hat die berühmten Frauen nie leiden können [...]; auch für Bettina [von Arnim] konnte er später keine Sympathie gewinnen.»[58] Eindeutige Antworten kann es hier nicht geben; Felix Mendelssohns Beweggründe, seine Schwester nicht ihrem Talent entsprechend zu unterstützen, und die Fanny Mendelssohn-Hensels, sich erst spät dem Familiendiktat zu widersetzen, bleiben Spekulationen.

Trotz dieses wohl unausgesprochenen Konflikts der Geschwister empfinden beide tiefe Verbundenheit ihr ganzes gemeinsames und doch so unterschiedliches Leben lang. Ist Felix Mendelssohn auf Reisen, berichtet er ausführlich und detailliert von seinen Erlebnissen, ist er ungenau wie bei seinem Bericht über den Besuch bei Goethe, wird nachgefragt unter anderem, welches Klavier Goethe denn besäße. Vorstellungen derer, die zu Hause bleiben müssen, weist Mendelssohn zurecht; so als er Fanny Mendelssohn-Hensels idealistische Phantasien über das Leben in Paris zurechtrückt. Freudige und begeisterte Empfindungen aus Rom teilen sie einander mit. Vermutungen der Schwester, die Trennung von Berlin und das internationale Leben des Bruders hätten eine gewisse Entfremdung ausgelöst, weist dieser zurück, er bleibe für die Familie und besonders für sie immer der Alte.

Immer wieder zeigt sich der innere Gleichklang der Geschwister, so als er sie bittet, stellvertretend für ihn an der Probe zu seinem «Paulus» im Singverein teilzunehmen und nebenbei die Tempi zu kontrollieren. Und für ihre letzten Kompositionen haben die Geschwister unabhängig voneinander ein Gedicht Joseph von Eichendorffs gewählt. Alle Konflikte, die nicht zuletzt aus den gesellschaftlich wirksamen Vorstellungen der Zeit herrührten und die Identität der Einzelnen prägten, konnten jenes geheime und tiefe Band zwischen den Geschwistern nicht zerstören.

> Solche Lieder werden nie wieder gemacht werden. Es ist gar zu arg! Den Schluss vom 2ten mit dem Vöglein in der Linden, spielte ich mir gestern Nacht ein paarmal ganz ruhig vor, und machte dann in meinem Zimmer Tollheiten, und schlug auf den Tisch, mag auch wohl sehr geweint haben, dann spielte ich ihn aber eine Viertelstunde lang immer fort, und nun kenne ich ihn genau; sobald ich aber ans Clavier gehe, und ihn mir wieder vorführe, so fährt mir von Neuem eine Art Schauder durch, weil ich noch nie so was gehört habe. Das ist die innere, innerste Seele von der Musik ...
>
> Felix Mendelssohn an Fanny Mendelssohn-Hensel aus England am 3. Juli 1829; seine Reaktion auf den «Liederkreis», den ihm Fanny während seiner ersten Abwesenheit nach England sandte.

# Wilhelm Hensel

Als Fanny Mendelssohn 1822 dem Maler Wilhelm Hensel in seinem Atelier zum ersten Mal begegnete, zeigte er dort die Bilder, die der Großfürst Nikolaus von Russland, unterstützt vom preußischen König, bei ihm in Auftrag gegeben hatte. Es waren zwölf Zeichnungen der «lebenden Bilder», pantomimische Darstellungen also, an denen anlässlich des Hoffestes «Lalla Rookh» alle Gäste am Hof, darunter die russische Großfürstin, die gebürtige Prinzessin Alexandra von Preußen, mitgewirkt hatten. Der Auftrag an Hensel war eine Reaktion auf den Seufzer der Großfürstin «Ist es nun wirklich vorüber?»[59], als sich die gestellten Bilder aufgelöst hatten. Bis zu diesem Tag, bis zu diesem Erfolg als Historienmaler, hatte Wilhelm Hensel einen entbehrungsreichen Weg beschreiten müssen.

Wilhelm Hensel wurde am 6. Juli 1794 als Sohn des Landpredigers Jakob Hensel und seiner Frau Louise Johanne, geb. Trost, als zweites von vier Kindern in Trebbin in der Mark Brandenburg geboren. Zur 1791 geborenen Karoline und zu Wilhelm kamen Luise (1798) und Minna (1802), die später eine Zeit lang im Mendelssohn'schen Haus Leipziger Straße 3 lebten. Schon 1809 starb der Vater.

Bereits in früher Jugend beschäftigte sich Wilhelm Hensel mit der Herstellung von Farben und mit Zeichnungen, doch sah die Familie keine Möglichkeit, ihm den Wunsch zu erfüllen, Maler zu werden. So wählte Wilhelm Hensel ein «Brotstudium» und widmete sich dem Bergfach. Trotzdem wagte er es, sich als Eleve an der Königlichen Akademie der Künste in Berlin einzuschreiben. Bereits in der Akademieausstellung von 1812 zeigte Hensel eine Reihe von Skizzen sowie zwei Ölgemälde und Miniaturporträts; sie belegten, dass er aus dem Status des Kunstschülers herausgewachsen war. Zu dieser Zeit eignete er sich auch die Technik des Radierens an, um mit dem Erlös aus dem Verkauf dieser Arbeiten seine Familie zu un-

Fanny Mendelssohn.
Zeichnung von Wilhelm Hensel

terstützen. 1813/14 und 1815 nahm Hensel an den Freiheitskriegen teil. In den Jahren um 1816 befasste er sich verstärkt mit der Dichtkunst und gab mit Freunden aus den Freiheitskriegen einen Gedichtband heraus. Seine poetische Begabung zeigt sich in vielen Gedichten, von denen Fanny Mendelssohn-Hensel später einige vertonen wird, zum Beispiel den «Morgengruß», den sie in die «*Gartenlieder*» op. 3 als viertes Lied des Zyklus aufnimmt.

In Berlin suchte Hensel sich in einer schwierigen Konkurrenzsituation als Illustrator und Porträtist durchzusetzen. Im Haus des Geheimen Staatsrats Friedrich von Stägemann, eines engen Mitarbeiters des Reformers Carl August von Hardenberg, lernte Hensel den Architekten und preußischen Beamten Karl Friedrich Schinkel kennen. Als nach dem Brand des Schauspielhauses am 27. Juli 1817 Schinkel mit dem Wiederaufbau betraut wurde, forderte er Hensel zur Mitarbeit auf.

Wilhelm Hensel: Morgengruß

Schnell fliehen die Schatten der Nacht,
hell blühen die Matten der Pracht,
hoch rauschet der Wald in dem Glanze,
still lauschet ihm heimlich die Pflanze
im blütenverklärenden Tauen,
wie selig, den Morgen zu schauen.

Was fehlt noch dem goldenen Raum?
Komm, Liebchen, erfülle den Traum,
mein Lied tönt in wonnigem Rauschen,
o komm, wie die Blume zu lauschen,
es will dich mein liebendes Sehnen
betauen mit seligen Tränen.

Auch bei den Vorbereitungen des Hoffestes «Lalla Rookh» im Januar 1821 hatte Schinkel Wilhelm Hensel um seine Mitarbeit gebeten. Sein Talent als Porträtist – Hensel hatte bereits eine Fülle von Porträts von Persönlichkeiten Berlins angefertigt – sprach sich herum und brachte ihm Aufträge der «hohen und höchsten Herrschaften» ein. Mit diesen begehrten Arbeiten hatte sich Hensel in die Kunstszene und in die adlige Gesellschaft der Stadt eingeführt.

Als Lea Mendelssohn und ihre Tochter die Ausstellung des Malers in seinem Atelier besuchten, war Fanny Mendelssohn gerade siebzehn Jahre alt. Die Bekanntschaft mit ihr und die beginnende Liebe zu ihr, auch weitere Aufträge des Königs von Preußen, ließen Hensel eine geplante Rom-Reise immer weiter aufschieben, obwohl die Akademie der Künste bereits 1820 durch den preußischen Kultusminister, Freiherrn von Stein zum Altenstein, informiert worden war, dass «der Maler Wilhelm Hensel behufs seiner weiteren Ausbildung auf zwei Jahre mit Unterstützung des Staates nach Italien reisen wird»[60]. Er verschob jedoch nicht nur seinen Studienaufenthalt immer weiter, sondern stellte auch seine zunächst beabsichtigte Konversion zum katholischen Glauben zurück, später gab er sie

Selbstbildnis
Wilhelm Hensel

ganz auf. In einem Brief Hensels an seine Schwester Luise im Dezember 1823 aus Rom, die unter anderem das Lied «Müde bin ich, geh zur Ruh» schrieb, bekennt er, «daß seine Liebe zu Fanny Mendelssohn stärker als alles andere sei»[61]. Die Zuneigung der beiden blieb den Eltern Mendelssohn kaum verborgen. Da Fanny Mendelssohn noch sehr jung war, suchte ihre Mutter sie vor einer Leidenschaft zu bewahren, deren Zukunft noch nicht gesichert schien. Lea Mendelssohn war außerordentlich konsequent in ihrer Haltung; den Gedichtband seines Freundes Wilhelm Müller, den Hensel mit einem eigenen Gedicht, einem Porträt Müllers und seinem Selbstporträt geschmückt Fanny Mendelssohn Weihnachten 1822 geschenkt hatte, sandte sie mit einem Brief zurück: «Ich wollte die Freude des gestrigen Abends nicht durch die Bemerkung stören, daß ich es nicht passend fände, wenn ein junger Mann einem jun-

Luise Hensel. Zeichnung von Wilhelm Hensel, vermutl. 1856, Bleistift weiß gehöht auf Karton mit gelblichem ovalem Tondruck

gen Mädchen sein Bildnis schenkt [...]. Ich sende Ihnen die Gedichte Ihres Freundes zurück, damit Fanny sie, jenes Schmuckes beraubt, gern und frei von Ihnen wieder empfangen möge.»[62] Am 20. Juli 1823 reiste Wilhelm Hensel nach Rom. Die Verbindung zur Familie Mendelssohn stifteten die Bilder der Familie, die er auf die Reise mitnahm, und die Korrespondenz mit seinen hoffentlich zukünftigen Schwiegereltern; der Briefwechsel mit Fanny war ihm von der Mutter untersagt. Sie begründete ihr Verbot in einem langen Brief, nachdem sie ihn ihrer Wertschätzung versichert, mit der «Ungleichheit des Alters»[63] und der Unsicherheit seines Einkommens: «Ich strebte bei der Erziehung meiner Kinder freilich dahin, sie einfach und prunklos zu gewöhnen, um sie nicht zu zwingen, reich heiraten zu müssen, aber eine gesicherte Existenz, ein mäßiges, doch gutes Einkommen sind in den Augen der Eltern unerläßliche Bedingungen zum sorglosen Leben [...].»[64] Ihre Tochter will sie nicht aus ihrer jugendlichen Unbeschwertheit herausgerissen sehen: «Fanny ist sehr jung und ohne Leidenschaft. Sie sollen sie durchaus nicht in jene verzehrende Empfindung reißen wollen und sie durch verliebte Briefe in eine Stimmung schrauben, die ihr ganz fremd ist [...].» [65] Letztlich mag auch der Standesunterschied in Lea Mendelssohns Augen eine Rolle bei dieser Entscheidung gespielt haben.

In Rom arbeitete Wilhelm Hensel an einer Kopie der «Transfiguration» von Raffael und an seinem eigenen Ölgemälde «Christus und die Samariterin», das Friedrich Wilhelm III. in Auftrag gegeben hatte. Im Oktober 1828 kehrte Wilhelm Hensel nach Berlin zurück. Jetzt erst gestatteten die Eltern die förmliche Verlobung. Doch fand Hensel seine Fanny Mendelssohn verändert. Beide – er 33 Jahre alt, sie 22 Jahre und sehr verschieden – mussten nun einen neuen Weg zueinander finden. Er war zunächst eifersüchtig auf alles, was sie umgab. Er fühlte sich fremd in ihrer Umgebung, und sicher hatte er auch Sorge, ein anderer könne ihn aus ihrem Herzen verdrängt haben. Mitunter zweifelte er an ihrer Liebe und forderte sogar von ihr, ihre Kompositionen nach Gedichten von Gustav Droysen aufzugeben. Sie antwortet traurig, versichert ihm ihre Liebe und akzeptiert sogar seine Forderung: *Guten Morgen, mein bester Wilhelm, möge dir der Himmel eine gute Nacht geschenkt haben, ich habe innigst an dich gedacht. Und sonderbar, ich habe nun so stark und klar den ganzen Umfang meiner Liebe empfunden, wie jetzt, wo du, zu meinem tiefsten Kummer daran zweifelst? Ich sage es wahrhaftig nicht um dich zu beruhigen, Wilhelm, ich sage es dir, weil es mir das Herz abdrückt, es zu sagen. O, laß uns ganz einig seyn.* [66] Der zweite Brief an Wilhelm Hensel verdeutlicht ihren Konflikt noch stärker: *Lieber Wilhelm, du hast mit Bestimmtheit etwas ausgesprochen, was mich sehr schmerzt, da du es aber aus bestem Willen ausgesprochen, kann und darf ich nichts dagegen sagen, sondern nur meinen Entschluß nach deinem fassen. Ich komponiere nichts mehr für Gesang, wenigstens nicht von einem mir persönlich bekannten Dichter, am allerwenigsten von Droysen. Mir bleibt die Instrumentalmusik, ihr kann ich anvertrauen, was ich will, sie ist diskret.* Und will sich sogar noch weiter einschränken: *[...] die Kunst ist nicht für Frauen, nur für Mädchen, an der Schwelle eines neuen Lebens nehme ich Abschied von dieser Kindergespielin, es wird*

*mir Ersatz genug bieten.*[67] Die weitere Entwicklung der Beziehung hat zum Glück dieses Urteil aufgehoben. Zunächst vertonte Fanny Mendelssohn Gedichte von ihm und später durchaus auch von zeitgenössischen Dichtern. Beide hatten den
Willen, aufeinander zuzugehen und sich neu verstehen zu lernen. Dies bezeugen auch die «Brautbriefe», die sich beide
gegenseitig schickten, kleine Zettelchen, manchmal längere
Briefe, sorgfältig gefaltet und versiegelt, die sich bis heute in

Brautbrief Fanny Mendelssohns an Wilhelm Hensel:
«du böser, lieber Mann, willst du keine Vorsicht lernen?
Schläfst bei offenem Fenster bei dieser Kälte! dein Billett
hat mir so was verstimmtes, sollte ich durch meines daran
Schuld seyn? Ich hoffe doch nicht. Sey gut u. mir gut,
mein einziger Wilhelm, und Liebe möge der Liebe alles ver-
geben. Sey mir gut, mein Geliebter.»

Privatbesitz befinden. Die vielen Mitteilungen Fanny Mendelssohns an ihren Bräutigam und seine Antworten zeigen eine liebende, offene und ehrliche Auseinandersetzung um die Entstehung eines gemeinsamen Lebens, aber auch die andauernde Eifersucht Hensels. Ihre Temperamentsausbrüche sieht sie selbst oft auch als Störung ihrer Liebe: *Wilhelm! Wilhelm! Wird dich denn meine herzliche Liebe, meine treue Zuneigung nicht, nie befriedigen, darf ich das nicht hoffen? Fühlst Du denn nicht von Herzen zu Herzen was Du mir bist? Ich klage mich bitter an, muß mein alter Lämmerdämon immer dazwischentreten u. Tag um Tag die Freude stören, ich bin so wütend auf mich, ich könnte mich schlagen. [...] Komm so früh wie gestern. [...] oder komm jetzt im Augenblick, wenn du kannst!* [68] Und immer schließen die Briefe mit *komme bald, wenn Du kannst* [69]. Manchmal erzählt sie ihm auch von den Kompositionen, an denen sie gerade arbeitet; so über die Vertonung eines seiner Gedichte: *Es ist mir als hätte ich Dich neu gewonnen!* [70] Oder überträgt ihm sogar die Verantwortung für ihr Talent: *Denke daran, daß Du jetzt die fernere Ausbildung meines Talents in Händen hast, daß es von Dir abhängt, ob ich nun einen größeren Wurf wagen soll.* [71] Wie hat sie das wohl gemeint? Will sie ihren zukünftigen Ehemann mitverantwortlich machen für ihr kompositorisches Schaffen? Seine Unterstützung einfordern als Voraussetzung für ihre Arbeit? Gleichzeitig verraten diese Zeilen aber auch, dass sie sich ihres Talents sicher ist. Einige Briefchen lassen sie als ungeduldige, launenhafte und manchmal unbeherrschte junge Frau erscheinen, mehrfach bittet sie Wilhelm Hensel um Verzeihung für ihre *üble Launen* oder ein *dummes Wort*, eine Verletzung, die sie ihm zugefügt hat: *Verzeih, verzeih, verzeih! Mein Liebster, ich habe mich wieder einmal von meiner üblen Laune hinreißen lassen [...].* [72] Dann wieder bezeichnet sie ihn als *alten Brummbär* [73]. Auch Wilhelm Hensel überdenkt seine Reaktionen, die ebenfalls heftig gewesen sein müssen: «Mein gestriges Ungestüm tut mir leid» oder «zwischen uns muß alles klar sein» [74]. Weitere Briefe Wilhelm Hensels an seine Braut zeigen ihn als sensiblen Menschen, der sich seiner schwierigen Stellung in der Mendelssohn'schen Familie durchaus bewusst war. Realistisch und mutig benennt er

Verzeichnis der Werke Wilhelm Hensels, angelegt von Fanny
Mendelssohn-Hensel nach der Rückkehr Hensels aus Italien
1828, 16 beschriebene Seiten, hier: die erste Seite mit Angaben
zu Gemälden, darunter Porträts von Felix und Rebecka Mendelssohn, Genrebilder und religiöse Motive. Dann folgt dreispaltig
eine Auflistung von Bleistiftporträts der Jahre 1829 und 1830 unter anderem von Mitgliedern der Familie Mendelssohn, Heinrich
Heine, Hegel und Paganini.

die «Anpassungsschwierigkeiten», die er im Umgang mit den Eltern Mendelssohn empfindet, die Befangenheit ihren Geschwistern und der Gesellschaft gegenüber, die sich in diesem Haus selbstverständlich trifft, und bittet seine Braut, doch die unterschiedlichen Lebensweisen beider in der Jugend nicht zu vergessen, und ihn bei seinem Bemühen, sich einzufinden, zu verstehen und zu unterstützen.

Die offizielle Verlobung der beiden erfolgte am 22. Januar 1829. Im Februar wurde Wilhelm Hensel zum Mitglied der Akademie der Künste ernannt, am 3. Oktober 1829 heirateten Fanny Mendelssohn und Wilhelm Hensel. Sie bezogen ihre Wohnung im Gartentrakt des Hauses Leipziger Straße 3. Der Hochzeit waren umfangreiche Vorbereitungen vorausgegangen. Fanny Mendelssohn hatte sich mit ihrem Bruder Felix darauf verständigt, dass sie das Eingangspräludium, das *Präludium*

Das Gartenhaus in der Leipziger Straße. Aquarell von Sebastian Hensel, 1851. Als preußisches Herrenhaus erlebte das Gebäude eine Reihe von Umbauten. Im Zweiten Weltkrieg kaum beschädigt, diente das Haus der DDR als Sitz der Akademie der Wissenschaften. Nach der Wiedervereinigung 1990 wird es, baulich völlig verändert, Sitz des Deutschen Bundesrates.

*F-Dur*, zur Feier und er das Ausgangsstück komponieren solle. Aber da Mendelssohn wegen eines Unfalls nicht rechtzeitig aus London in Berlin eintraf und damit das Schlussstück nicht vorlag, machte sich Fanny Mendelssohn kurzerhand selbst an die Arbeit. Am 25. August 1829 schreibt sie an den Bruder in Llangollen: *Ich habe meinen Orgelausgaben schon ziemlich im Kopfe, G-Dur, Pedal fängt an. Überhaupt bin ich recht froh, zu der Überzeugung gelangt zu seyn, daß der Brautstand meiner Musik nicht geschadet hat.*[75] Später teilt sie dem Bruder mit, dass der Organist August Eduard Grell ihr das *Prélude* am Tage vor ihrer Hochzeit auf der Orgel der Parochialkirche vorgespielt habe. Sie kommentiert: *Das Stück klang gut, und ich hatte die äußerste Lust, Orgel zu spielen, was aber doch, Zeitmangels wegen, unterbleiben mußte [...].*[76] Das Eingangsstück beginnt mit einem F im Pedal, das zunächst ganz allein erklingt, eine Überraschung ist der nachfolgende F-Dur-Septakkord, der über den Eingangston gesetzt wird. Im Verlauf des Stückes verbindet sie die festlich vollen, durch verschiedene Tonarten modulierten Akkordklänge mit Achtelbewegungen, die diese massiven Klänge lebendiger machen. Die Bemerkung, sie hätte gerne Orgel gespielt, dies sei aber aus zeitlichen Gründen nicht möglich gewesen, bezieht sich nicht nur auf diesen Tag; zwar komponierte sie noch weitere Stücke für Orgel, sie hat dieses Instrument jedoch wohl kaum selbst gespielt.

Gleich nach der Hochzeit beginnt Fanny Mendelssohn-Hensel die Arbeit ihres Mannes zu unterstützen. Sie fertigt ein Verzeichnis seiner Gemälde an, organisiert Ausstellungen und schreibt Einladungen an Besucher. Sie wird diese Tätigkeit im Hintergrund während ihrer Ehejahre beibehalten, wie sie auch weiter mit ihrem Bruder über dessen Kompositionen korrespondiert und auch ihn energisch unterstützt.

Am 16. Juni 1830 kommt das einzige Kind des Paares zur Welt, dem die Eltern in Verehrung für Johann Sebastian Bach den Namen Sebastian geben. Als zweiten Namen wählen sie «Ludwig» im Gedenken an Ludwig van Beethoven und als dritten «Felix» aus Zuneigung zum Bruder – und als «Programm» für die Erziehung des Kindes? Fanny Mendelssohn-Hensel

Sebastian Hensel. Zeichnung von Wilhelm Hensel, Bleistift weiß gehöht auf Karton mit gelblichem Tondruck

schildert in einer Reihe von Briefen das Heranwachsen des Jungen, erzählt von seinen Fragen, seinen Ängsten und kommentiert seine Entwicklung. Oft nimmt sie ihn mit zu Besuchen oder zu Ausstellungen; sie mag ihn nicht zu oft seinem Kindermädchen überlassen. Sebastian macht die Reise der Familie nach Italien mit und erhält auch dort Privatunterricht in wichtigen Fächern wie Sprachen und Mathematik. Schon zu dieser Zeit führt er Tagebuch. Später wird er die in seinem Besitz befindlichen Briefe und Dokumente der Familien Mendelssohn Bartholdy und Hensel herausgeben und kommentieren in seiner zweibändigen Geschichte der Familie unter dem Titel «Die Familie Mendelssohn 1729–1847». Dieses Werk ist noch heute die Grundlage für alle biographischen Darstellungen der Familie.

Sebastian Hensel entschied sich später nicht für den Malerberuf wie seine Eltern insgeheim erwarteten, sondern für den des Landwirts. Er kaufte sich ein Landgut bei Königsberg in Ostpreußen, verkaufte es später wieder und zog mit seiner Familie nach Thüringen. Zurückgekehrt in Berlin, übernahm er die Leitung der Markthallengesellschaft, dann wurde er Direktor der Berliner Hotelbaugesellschaft und blieb Direktor des Hotels «Kaiserhof» bis 1880. Am 13. Januar 1898 starb Sebastian Hensel in Berlin.

Weitere Schwangerschaften Fanny Mendelssohn-Hensels endeten mit Tot- und Fehlgeburten, die die junge Frau sehr schwächten.

Die Stellung Wilhelm Hensels als Professor für Historienmalerei und Mitglied der Akademie verpflichtete ihn, seine Bilder im Rahmen der Akademie-Ausstellungen zu präsentieren. Einige seiner Gemälde trugen ihm den Ruf eines Meisters seines Fachs ein. Die Eheleute Hensel betrachteten es übrigens als Selbstverständlichkeit, den Lebensunterhalt der Familie aus seinen Einnahmen zu bestreiten und nicht auf das Vermögen der Familie Mendelssohn zurückzugreifen. Diese Einstellung erklärt auch den sparsamen Umgang mit Geld und die sorgfältige Planung der gemeinsamen Reisen. Das Ehepaar besuchte zunächst 1835 Köln, wo Felix Mendelssohn das Niederrheinische Musikfest leitete und seine Schwester ihm zuliebe im Chor mitsang, dann reist man nach Paris und Nordfrankreich. Auch in England hatten die Bilder und Porträts Hensels großen Erfolg, eine Reihe von Aufträgen führte zu willkommenen Einnahmen. Während der einjährigen Italienreise der Familie konnte Hensel an Freundschaften und Erfolge seines ersten Aufenthalts in Rom anknüpfen; für Fanny Mendelssohn-Hensel brachte sie die Befreiung aus dem einengenden Leben in Berlin.

# Italienreise

Der Wunsch, das Land der antiken Kunst, der Renaissance und des warmen Lichts zu erkunden, war im 18. und 19. Jahrhundert bei Dichtern, Musikern und Malern, auch im erstarkenden Bürgertum weit verbreitet. Die Familie Mendelssohn war durch den Onkel Jakob Bartholdy, der, ehemals preußischer General, nun als Konsul in Rom lebte, über Theater und Kunst in der Stadt informiert. Die Briefe Henriette Herz' und Dorothea Veit-Schlegels hatten überdies eine tiefe Sehnsucht in Fanny Mendelssohn-Hensel geweckt, Italien zu sehen und zu erleben. Bereits 1822, während der Reise der gesamten Familie Mendelssohn in die Schweiz, schrieb sie: *Die Idee des Landes, welches hinter jenen Gebirgen beginnt, die fühlbare Nähe Italiens, der kleine Umstand, daß die Landleute alle in Italien waren, Italienisch reden und den Wanderer mit den süßen Lauten der lieblichen Sprache begrüßen, rührte mich unendlich. Wäre ich an diesem Tage ein junger Bursch von 16 Jahren gewesen, bei Gott! Ich hätte zu kämpfen gehabt, um keinen dummen Streich zu begehen.*[77] Wie groß muss ihre Sehnsucht nach diesem hinter den Bergen verborgenen Land gewesen sein, eine Sehnsucht, die ihrem Sohn viel früher erfüllt wurde! Felix Mendelssohn dagegen besuchte 1830 im Rahmen seiner großen Bildungsreise Goethe in Weimar; von dort gelangte er über München und Wien nach Venedig, Florenz und Rom. 1831 ist er dann in Neapel, sein nächstes Ziel ist Paris. Seiner Schwester hat er ein lebendiges Bild Italiens entworfen und ihr später, schon während ihrer eigenen Italienreise, noch ein Reisekonzept nach München geschickt. Ihre Reaktion darauf ist aber eher ironisch: *Ich muß Dir vor unserer auf morgen festgesetzten Abreise noch danken für Dein schönes Konzept zur italienischen Reise, liebster Felix, ich werde ihm bestens nachzuleben suchen*[78], und fährt weiter unten fort: *Was die Portraitgalerie in Florenz betrifft, so habe ich Deine Bemerkungen darüber nur einmal gelesen, weil ich beabsichtige, meinerseits auch der-*

*gleichen anzustellen und sie dann zu vergleichen.*[79] Hier zeigt sich der Wille der Schwester zur selbständigen Beobachtung, der «große» Bruder muss ihr weder Kunst noch Landschaft oder Menschen erklären.

Nach längeren Vorbereitungen bricht die Familie Hensel im Herbst des Jahres 1839 zu ihrer Italienreise auf. Das erste Ziel ist Venedig. Ein anderer Liebhaber Italiens, Goethe, beschreibt seine Begegnung mit Venedig in der «Italienischen Reise» mit den Worten: «So stand es denn im Buche des Schicksals auf meinem Blatte geschrieben, daß ich 1786 den achtundzwanzigsten September, abends, nach unserer Uhr fünf, Venedig zum ersten Mal, aus der Brenta in die Lagune einfahrend, erblicken und bald darauf diese wunderbare Inselstadt, diese Biberrepublik betreten und besuchen sollte.»[80] Fanny Mendelssohn-Hensel bleibt ihm literarisch auf der Spur und schreibt nach Berlin: *So stand es denn im Buche meines Schicksals geschrieben, daß ich 1839, den 12. Oktober nachmittags, nach unsrer Uhr um zwei, Venedig zum erstenmal, aus der Brenta in die Lagune einfahrend, erblicken und bald darauf diese wunderbare Inselstadt, diese Biberrepublik, betreten und besuchen sollte.*[81]

Venedig setzt sie in Erstaunen; sie zeichnet mit der Sprache ein Bild ihrer Eindrücke, das allerdings nicht mehr realistisch genannt werden kann. Hier wird ein Traum wahr, ein Erlebnis «erlebt», das vordem nur in der Phantasie existierte. Venedig ist die alle Sinne anrührende *Wunderstadt: Ich erinnere mich in meinem Leben nicht leicht, in 24 Stunden soviel Erstaunen, Bewunderung, Rührung, Freude empfunden zu haben als in diesem wunderbaren Venedig! Seit wir hier sind, hab' ich fast noch keine trockenen Augen gehabt – völlig bezaubernd ist der Anblick dieser Wunderstadt.*[82] In ihren Briefen finden sich aber auch Bemerkungen über die *italienischen Zustände*, die eine an preußische Ordnung gewöhnte Bürgerin verraten: *Bis jetzt: Bettler keine; Flöhe wenige, Schmutz bis über beide Ohren. Doch ist Mailand im Äußern eine der reinlichsten Städte.*[83] Andere Schilderungen des italienischen Lebens und einer Reihe sehr gemischter Erlebnisse verraten humoristische Distanz und lassen eine ironisch-kritische Betrachterin durch die Zeilen hindurch lebendig werden. So beschreibt Fanny Mendelssohn-Hensel am 16. Dezember 1839 ihrer vertrauten Schwester Rebecka Dirichlet die Veranstaltung zum Gedenken an Winckelmanns Geburtstag in einer Weise, die prägnante Beobachtungsgabe, schnellen Witz und jugendlichen Übermut verraten: *Wenn ich Dich bis jetzt hergewünscht habe, so geschah es nicht allein meinet- sondern auch Deinetwegen, neulich aber habe ich Dich bloß meinetwegen hergewünscht, denn anstatt mich zu ennuyieren, wie ein Mops auf einem Koffer, würde ich mich wie ein Kaninchen amüsiert haben, wenn Du mir geholfen hättest. Es war eine feierliche Sitzung der Archäologischen Gesellschaft, Winckelmanns Geburtstag (ich gratuliere), und ich war hingegangen worden.*[84] Und im Verlauf der humoristisch-ironischen Schilderung heißt es weiter: *Es waren schon einige Damen und viele Herren versammelt, alles sprach leise, und es ging so putzig feierlich zu, daß mir schon der Magen zum Lachen wackelte, ehe noch ein Mensch gesprochen hatte. Nun fingen aber die Reden an!*[85] Neben dem Gespür für Situationskomik, das hier deutlich wird, finden sich in anderen Briefen Beispiele einer distanzierten, manchmal auch respektlosen Haltung, wie die beim Besuch der Sixtinischen Kapelle, wo sie zudem wie nebenbei die weibliche Rolle in der katholi-

Vignette von Wilhelm Hensel auf der ersten Seite in Fanny Mendelssohn-Hensels Brief an ihre Schwester Rebecka Dirichlet vom 11. 4. 1840

Weihnachtsbescherung in Rom. Vignette von August Kaselowsky auf der zweiten Seite in Fanny Mendelssohn-Hensels Brief an Rebecka Dirichlet vom 11. 4. 1840

schen Kirche reflektiert: *Gestern waren wir bei Papstens in der Sixtinischen Kapelle, und ich habe ihn und alle Kardinäle aufs genaueste gesehen, vorbeipassieren nämlich, denn für die Zeremonien sind wir armen Weiber übel dran; wir müssen hinter einem Gitter sehr weit absitzen, und wer nun, wie ich, ein kurzes Gesicht hat, bekommt von dem ganzen Spaß nichts zu sehen und muß drei Stunden lang sitzen und den nicht kurzweiligen Vortrag der Messe durch ein paar zittrige Kardinalsstimmen anhören.*[86]

In Rom konnte Wilhelm Hensel von der Anerkennung und den Kontakten profitieren, die aus seinem fünfjährigen Studienaufenthalt herrührten. Fanny Mendelssohn-Hensel schreibt dazu voller Freude an ihre Familie, dass man ihren Mann sehr herzlich begrüßt und sofort in die Künstlergemeinschaft aufgenommen habe. Sie selbst sieht sich aber zunächst einer von ihr als langweilig und belanglos empfundenen Gesellschaft aus deutschen und englischen Bürgern ausgesetzt, eine Situation, die sich erst mit den Kontakten zur französischen Künstlerkolonie zu ändern beginnt: *Welch ein höchst grandioses Institut ist aber diese französische Akademie, und wie glücklich sind überhaupt die französischen Künstler! [...] Und wie schön ist diese Villa Medicis und wie beneidenswert der Posten des Direktors, an dem ersten Kunstorte auf Erden, ausgestattet mit allen Mitteln, auf die Elite der Jugend seines Landes einzuwirken; es kann wohl nichts Schöneres für einen Künstler geben, aber sie sind leider auch darüber blasiert, sie wissen nicht, wie gut sie es haben, und müßten wahrhaftig wieder einmal geschüttelt werden, um den Übermut loszuwerden.*[87] Im Verlauf des Aufenthalts in Rom entwickelte sich eine intensive Freundschaft mit vielen Künstlern dieser Akademie. Die Briefe und Tagebucheintragungen verraten nun eine Frau, die kaum mehr den jungen Leuten den *Übermut* austreiben will, sondern mehr und mehr diesen teilt. Die Dame aus dem preußischen Großbürgertum wird allmählich eine freie und fröhliche Frau und Künstlerin, die mit den Freunden, den Komponisten Georges Bousquet und Charles Gounod und dem Maler Charles Dugasseau, ihr Leben ausgelassen genießt: *Nachmittags mit Wilhelm in die Villa, er fing an, ein Studium zu machen, ich zeigte ihm die Ansicht vom Belvedere, die er nicht kannte. Abends Magnus und unsere Franzosen, oder wie sie jetzt heißen, die drei Capricen, indem Bousquet sich Caprice en la, Gounod Caprice en mi und Dugasseau Caprice en si bemolle nennt. Es ward wie gewöhnlich viel Musik gemacht, viel geplaudert und gelacht und spät beisammen geblieben.*[88] Die Briefe an die Familie in Berlin und an Felix und Cécile Mendelssohn in Leipzig erzählen von Ausflü-

> Findest Du auch, wie ich, Rom von jeder, auch der kleinsten Höhe, so wunderschön? Ganz entzückt war ich von der Aussicht beim Turm der Cäcilie Metella, u. finde überhaupt diese ganze Gegend schön und anziehend. Wir waren bei herrlichstem Wetter dort, wie auch neulich in der Villa Mills, wo wir alles blühend fanden, zu Millionen Rosen und andere Blumen, dazwischen die herrlichen immergrünen Bäume, u. nach allen Seiten eine bezaubernde Aussicht. Das Klima genieße ich mit wahrer Wonne, ich kann dir nicht sagen wie wohl ich mich befinde, auch Sebastian bekommt es sehr gut, u. er sieht besser aus als je.
>
> Fanny Mendelssohn-Hensel: Italienisches Tagebuch

gen in die Umgebung, von Erlebnissen mit der Künstlergemeinschaft, die nachts gegen zwölf aufbricht, um das Kollo-
seum zu sehen, gegen Mittag frühstückt, sich bei einem Aus-
flug Aufgaben stellt wie bei einer Schnitzeljagd und die Ergeb-
nisse mit Witz und Freude goutiert. Je näher die Zeit der
Abreise aus Rom kommt, umso intensiver werden die Erlebnisse, umso mehr genießt sie die Anerkennung als Künstlerin.
Fanny Mendelssohn-Hensel ist in dieser Zeit glücklich: *Einstweilen aber leben wir hier die himmlischsten Tage und Nächte, denn
ich muß es nur sagen, wir schlürfen die Neige der köstlichen Zeit so
vollständig, daß wir nur ein Minimum an Schlaf zu uns nehmen und
die halben Nächte mit Spazierengehen oder Zeichnen oder Musikmachen hinbringen. Ich kann es jetzt gar nicht gut unter Dach aushalten, selbst im Vatikan bin ich in Ewigkeit nicht gewesen, des Abends
kann mein Mann mich nicht in die Stube bekommen, noch auf der
Schwelle des Hauses stehe ich still und graule mich vor der Stubenluft.*[89] Überschäumende Freude und Begeisterung sind auch
darauf zurückzuführen, dass sie hier in Rom Anerkennung als
Pianistin u n d als Komponistin erfährt. Empfand sie sich zunächst «nur» als die Frau des bekannten Malers Wilhelm Hensel, so erobert sie sich während des Aufenthalts in Rom selbst
Freundschaften und Bewunderung, die sie zu reger Kompositionstätigkeit ermuntern: *Abends hatten sich einige Leute ansagen
lassen; ich spielte viel, die Langeweile zu verscheuchen, welche einige
englische Ladies in reichem Maße verbreiteten; und als sie fort waren, und nur die bekannten Herren noch da, fing ich de plus belle an
und spielte bis Mitternacht. Bousquet und Dugasseau machen es mir
insofern schwer, als sie nie eine Sache vergessen, die ich ihnen, auch
vor Monaten, nur einmal gespielt; ein besseres Publikum kann man
wirklich nicht haben. Ich schreibe auch jetzt viel; nichts spornt mich
so an als Anerkennung, wogegen mich der Tadel mutlos macht und
niederdrückt.* Und einige Zeilen weiter heißt es dann: *Es kostet
uns einen schweren Kampf, von Rom fortzugehen; ich hätte nie gedacht, daß es mir einen so tiefen Eindruck machen würde. Ich will
mir gar nicht verhehlen, daß die Atmosphäre von Bewunderung und
Verehrung, von der ich mich hier umgeben sehe, wohl etwas dazu bei-
tragen mag, ich bin in meiner frühen Jugend lange nicht so angeras-*

*pelt worden wie jetzt, und wer kann leugnen, daß das sehr angenehm und erfreulich ist?*[90] Diese Zeilen verraten, welch ein Zwang zum Wohlverhalten offensichtlich in Berlin auf ihr lastete. Hier in Rom hatte sie die Freiheit, zu konzertieren und zu komponieren, ohne Rücksicht auf die Familie und ohne den Wettbewerb mit dem Bruder. Den großen Einfluss, den Fanny Mendelssohn-Hensel auf Charles Gounod ausgeübt hat, bekennt er in seinen «Erinnerungen»: «Madame Hensel war eine außergewöhnliche Musikerin, bemerkenswerte Pianistin, eine Frau spritzigen Geistes, klein, aber voller Energie, die sich in ihren tiefen Augen und ihrem Blick, der voller Feuer war, erahnen ließ. Sie war begabt mit seltenen Fähigkeiten als Komponistin.»[91] Gounod bewundert ihr Klavierspiel, die Selbstverständlichkeit des Könnens, die er nur denen zuschreibt, die die Musik tatsächlich lieben, ihr Gedächtnis, sie hat offenbar die vielen Stücke Bachs und anderer Komponisten der zeitgenössischen deutschen Musik wie auch die Musik ihres Bruders auswendig gespielt, und, was ebenfalls wesentlich ist, er hebt ihre kompositorische Begabung heraus. Die Bemerkung Fanny Mendelssohn-Hensels, sie komponiere viel, verweist auf die Existenz einer Fülle von Stücken, die sie in ihrer Rom-Zeit 1839/40 geschrieben haben muss. Einige wenige sind als Erinnerungen an diese glücklichen Monate veröffentlicht, jedoch klafft eine Lücke im Verzeichnis ihrer Kompositionen. Paul August Koch, der ein sorgfältiges chronologisch geordnetes Werkverzeichnis erarbeitet hat, verweist auf diese Lücke vom Februar/März 1839 bis zum 12. Dezember 1840, der Autor vermutet die damals entstandenen Kompositionen unveröffentlicht in Privatbesitz. Die veröffentlichten Stücke *Abschied von Rom* (1840?), *Saltarello Romano* (1841), *Notturno napolitano* (unveröffentlicht in Privatbesitz) oder *Gondellied* (4. Juni 1841), sind Nachklänge zur Italienreise.

In den vielen gemeinsamen Erlebnissen zeigt sich aber auch ein großer Wesensunterschied der Eheleute. Dem Wunsch, von Rom aus in den Orient zu reisen – der Maler Horace Vernet hatte sich in seinem orientalischen Kostüm präsentiert und galt als Wegbereiter einer neuen künstlerischen

Richtung –, gab Wilhelm Hensel nicht nach, obwohl seine Frau *wahrlich und aufrichtig und aus wahrstem Herzen dringend vorschlug, uns bis Triest zu bringen und sich einzuschiffen*[92]. Sie kommentiert: *Denn was wir lange unter uns besprochen, geahnt, gefühlt, gewußt, das bringt nun Vernet mit froher Tat und klaren Worten ins Leben, und in kurzem wird es Gemeingut sein. Dort liegt die Zukunft der Kunst. Diese Tat hätte Wilhelm vollbringen können, hätte er sie gleich der Idee folgen lassen: Dass wir Deutsche immer warten! Immer den Moment verpassen! Immer zu spät kommen! Dass man doch aus seiner Zeit, seiner Familie, seinem eigenen Selbst so schwer sich erhebt. Die Sache bewegt und ergreift mich aufs Tiefste.*[93] Sie ist also offen gegenüber neuen Ideen, würde auch Neues wagen und ungewohnte Wege gehen, sieht aber, dass alle, eben auch Wilhelm Hensel, Kinder ihrer Zeit sind. Diese Erkenntnis beschäftigt sie und macht sie unruhig. Schließlich folgt Wilhelm Hensel doch noch seinem Herzenswunsch und reist nach Sizilien. Man war übereingekommen, dass er diese Reise allein unternehmen sollte, da das günstigere Schiff nach Sizilien bereits ausgelaufen war und Fanny Mendelssohn-Hensel die Hitze und die Strapazen einer Landreise dorthin fürchtete. So blieben Fanny und Sebastian Hensel in Neapel zurück, wo sie die Zeit nutzte, um ihre Erlebnisse in Rom zu vertiefen. Von neuen Eindrücken aus Neapel berichtet sie nur wenig, das Leben in Rom war wohl so prägend gewesen, und schließlich fehlten in Neapel auch die Künstlerfreunde.

In der Fülle ihrer Betrachtungen fallen einige politische Bemerkungen auf, wenige zwar, die aber Zeugnis ihrer gewandelten Einstellung zu Italien geben: *Ach, was könnte aus dem Land und aus den Menschen drin werden, wenn Gott sich ihrer einmal erbarmen und ihnen den Mann schicken wollte, den sie brauchen. Es ist ein Thema, über das wir in müßigen Stunden politisieren, was aus der Welt geworden wäre, wenn Napoleon statt Frankreich sich Italien unterworfen, sich dann darauf beschränkt und es von Grund aus organisiert hätte. Ich glaube, Frankreich hätte sich selbst geholfen, und Italien wäre jetzt, was es früher war, das Paradies der Erde.*[94] Später noch, auf der Rückreise nach Deutschland, deutet sich ein tieferes Verständnis der Situation Italiens an, als die Familie zufällig in Bellinzona den Conte Federico Confalionieri trifft und sie bekennt: *Bei diesem Namen wurde ich denn nicht wenig bewegt.*[95] Sie erzählt in ihrem Brief nach Berlin vom Schicksal dieses Patrioten, der fünfzehn Jahre eingekerkert war, zu spät vom Kaiser von Österreich amnestiert wurde, um sich noch ein erfülltes Leben aufzubauen. *Unter allen Italienern, die ich habe kennenlernen, schien er mir der bei weitem bedeutendste! Und solche Männer behandelt Österreich so!*[96], ist ihre empörte Reaktion, die Sensibilität angesichts der politischen Verhältnisse in Italien spüren lässt, wo sonst das Kunst- und Naturerlebnis im Vordergrund stand.

Die Liebe zu Italien und die tiefe Freude, die sie dort empfand, vertraut sie immer wieder ihrem Reisetagebuch an. Nach einer Landschaftsbeschreibung heißt es dort: *O du schönes Italien! Wie reich bin ich durch dich geworden! Welch einen unvergleichlichen Schatz trag' ich im Herzen zu Haus! Wird auch mein Gedächtnis recht treu sein? Werde ich so lebhaft behalten, wie ich empfunden?*[97] Das Gedächtnis bleibt ihr treu. Sie bewahrt alle ihre Empfindungen und drückt sie in ihrer Musik aus. Ihr Klavierstück *Abschied von Rom* ist ein musikalisches Zeugnis des Schmerzes bei der Abreise aus der geliebten Stadt. Der Titel des Stückes wird ergänzt durch die Ausdrucksbezeichnung *Andante con espressione molto cantando e espressivo.* Dieser Schmerz wird verständlich durch die schwelgerische Schönheit der Stadt und den Genuss, in ihr zu leben: *Vormittags gerechnet, genäht, Besuche bekommen, gepackt. […] Nachmittags alle Freunde, um fünf fuhren wir aus, erst zu Angrisani, Pferde bestellen, dann nach St. Onofrio, die göttliche Aussicht sehen, nach Villa Pamfili, wo wir gegen Sonnenuntergang ankamen […]. Wir blieben bis nach Sonnenuntergang und fuhren dann hinein nach Aqua Paola und St. Pietro in*

---

**Zeitalter des Risorgimento in Italien (1815–70)**

Beim gebildeten Bürgertum wie bei fortschrittlichen Adeligen wuchs durch die weitgreifenden Reformen des 18. Jh. und der napoleonischen Zeit der Wunsch nach polit. Mitwirkungsrechten und nationaler Selbständigkeit («Risorgimento», nationales «Wiedererstehen»). Geheimbünde kämpften gegen Restauration und österr. Hegemonie. Erster offener Widerstand wurde durch österreichische Intervention niedergeschlagen.

Brockhaus Enzyklopädie Bd. 11, 1990

*Montorio. Einen so himmlischen Abend habe ich vielleicht noch nie gesehen, als diesen letzten in Rom; ich möchte gern etwas davon aufschreiben, mir selbst zur lebhaften Erinnerung, aber ich weiß es nicht aufzufangen. Das reine Gold hinter St. Peter, das glühende Violett der Albangebirge und die unbeschreiblich reiche große Tönung der Luft und aller Gegenstände zwischen diesen beiden Punkten, was soll man davon sagen!* [98] Abschied von Rom, aus der Erinnerung an Rom geschrieben, drückt Trauer und Verlust aus, die sie in der Realität ihres Lebens in Berlin besonders empfindet. Das Stück wird bestimmt durch eine durchgehende Achtelbewegung im $^9/_8$-Takt. Die ersten drei Takte sind eine langsame Einleitung, sie symbolisieren den Schmerz der Abreise. Die Introduktion wird durch zwei Fermaten unterbrochen, Zeichen des Wunsches nach Aufschub, nach Verzögerung der tatsächlichen Trennung. Und hier trifft Fanny Mendelssohn-Hensel jenes Empfinden, das im 19. Jahrhundert die gesamte Dichtung und Musik durchzog, die Empfindung des sehnsüchtigen Leidens. Sie nimmt zu Beginn des Stückes den «Tristan-Akkord» Wagners – fast – vorweg! Aus dem a-moll-Dreiklang geht die Fortschreitung unvermittelt in den Septakkord dis-f-a-h über, es folgt der verminderte Dreiklang dis-f-a, von dem aus über den Vorhalt gis wiederum a-moll erreicht wird. Im dritten Takt erscheint die Dominante zu a-moll, E-Dur. Über den verminderten Septakkord geht die harmonische Bewegung dann wieder zu E-Dur. Diese Anfangsakkorde sind dem genannten Akkord Wagners im Tristan (1859) äußerst nahe.

Die ersten Takte des Stückes *Abschied von Rom* sind Ausdruck jener romantischen Sehnsucht, die sich in Eichendorffs berühmtem Gedicht widerspiegelt: «Schläft ein Lied in allen Dingen, / Die da träumen fort und fort, / Und die Welt hebt an zu singen, / Triffst du nur das Zauberwort» [99]. Auch Goethe streift jene Stimmung, wenn er, beeindruckt vom Gesang der Gondoliere, schreibt: «Gesang ist eines Einsamen in die Ferne und Weite, damit ein anderer, Gleichgestimmter höre und antworte.» [100]

Jene chromatische Wendung des Beginns, jene Schwingung tiefer Sehnsucht und Trauer durchzieht das Stück, in

Fanny Mendelssohn-Hensel: «Abschied von Rom»

Richard Wagner: Vorspiel zu «Tristan»

dem Fanny Mendelssohn-Hensel immer wieder verminderte Septakkorde verwendet, Vorhalte einbaut und so eine ständige modulatorische Verwandlung erzeugt. Der Mittelteil des Stückes scheint durch seine Bewegung zunächst heiterer, jedoch gelangt Fanny Mendelssohn-Hensel dann nach einem Accelerando zu einer Verlangsamung, die zu einem neuen Einschnitt führt, der durch den Taktwechsel zum $6/4$-Takt besonders spürbar wird – vielleicht als Ausdruck des Schmerzes über den notwendigen Abschied, den sie auch durch massive Viertelakkorde artikuliert. Der Anfangsteil wird reprisenhaft wieder aufgenommen, allerdings intensiviert die nachfolgende Coda noch die modulatorische Vielfalt. Die Tonalität wird immer neu verschleiert, die erreichte tonale Sicherheit ständig verlassen. Der *Abschied von Rom* ist mehr als der Abschied von dieser Stadt.

Einen weiteren Italienaufenthalt wird es in dieser Form nicht geben. Zwar reisten Fanny Mendelssohn-Hensel und ihr Mann 1845 nach Florenz, wo sie der dort erkrankten Schwester Rebecka Dirichlet zu Hilfe eilten, das beglückende Erlebnis der Rom-Reise blieb jedoch einmalig.

Im September 1840 erreichte die Familie also wieder Berlin, wo Felix Mendelssohn, der nach England abreisen wollte, noch anwesend war. Bei aller Freude, den Bruder wieder zu sehen, schreibt Fanny Mendelssohn-Hensel resignierend in ihr Tagebuch: *Heute ist Mittwoch, sechs Tage sind wir nun hier. Die politischen Ereignisse drohen schwer; der König [Friedrich Wilhelm IV.] hat den Ständen auf ihren Antrag, eine Verfassung zu geben, eine entschieden abschlägige Antwort erteilt; die Franzosen rüsten offen, alles sieht trübe, düster und unerfreulich aus, dazu stürmt, regnet und weht es draußen und ist eine Kälte, daß mir die Finger erstarren. In künstlerischer Hinsicht scheint durchaus nichts vom König zu erwarten zu sein. Über den Eindruck, den dies alles und überhaupt unsere ganze Rückkehr auf mich gemacht hat, später ausführlich, wenn die Gegenwart Vergangenheit geworden ist. Die Erfahrung hat mich belehrt, daß man dergleichen nicht unter dem Einflusse einer augenblicklichen Stimmung schreiben muß.*[101] Sebastian Hensel berichtet, seine Mutter habe nach diesem Eintrag in ihr Tagebuch eine leere Seite folgen lassen.

Für ihre erste Liedkomposition nach der Rückkehr aus Italien suchte sich Fanny Mendelssohn-Hensel wie zum Trost das folgende Goethe-Gedicht aus:

Hier sind wir denn vorerst ganz still zu Haus
Von der Tür zu Tür sieht es lieblich aus;
Der Künstler froh die stillen Blicke hegt,
Wo Leben sich zum Leben freundlich regt.

Und wie wir auch durch ferne Lande ziehn,
Da kommt es her, da kehrt es wieder hin;
Wir wenden uns, wie auch die Welt entzücke,
Der Enge zu, die uns allein beglücke.[102]

Sebastian Hensel interpretiert die Wahl dieses Textes als Zeichen einer wiedergekehrten und beständigen «Behaglichkeit des Hauses», in die sie sich bald wieder eingelebt habe. Er verweist überdies auf einen Brief Felix Mendelssohns an seine Schwester vom 24. Oktober 1840, der jenes Gefühl der Ruhe in

der Heimat als notwendig erstrebenswert und Teil des Glückes hinstellt: «Was das für ein Vergnügen ist, so einen Brief zu empfangen, der so nach Lust und Leben und allem Guten schmeckt! Denn das einzige Molltönchen darin, daß Euch's in Berlin nach Rom nicht recht behagen wolle, nehme ich nur als ein sehr vorübergehendes an, wo soll's Einem auch nach einem so langen Aufenthalt in Italien gefallen? Da ist Alles so glühend, und gerade unser deutsches schönes Hausleben hat mit allem Deutschen und Schönen, was ich recht liebe, das gemein, daß es gar nicht glänzend und brillant ist, sondern sich mit seiner Stille und Ruhe desto sicherer einzuschmeicheln weiß.»[103] Diese «Stille und Ruhe» hat Fanny Mendelssohn-

Hensel sicher nicht so schnell empfinden könne, lebte sie doch noch ganz in der Erinnerung an die römische Freiheit. Berlin bedeutete eher wohl Resignation und neue Eingrenzung auf die ihr zugedachte Rolle, im Haus zu leben. Die Stimmung der Goethe-Worte und die Zeilen Felix Mendelssohns an seine Schwester beschwören das Glück und die Stille der heimeligen Enge. Wenn der Brief die Heiterkeit und Gelöstheit, mit der man von einer Reise wieder in die gewohnte Umgebung zurückkehrt, als positives Erlebnis beschreibt, trifft er doch auf das Empfinden einer Frau, die im anderen Land befreit ihre Talente entfalten konnte, die Freundschaften erworben und Anerkennung erhalten hat, die ihr, wie sie sehr wohl wusste, zu Hause in dieser Unbeschwertheit und Fülle vorenthalten wurden. Von der Erinnerung an diesen glücklichen Italienaufenthalt zehrt eine Fülle von Kompositionen, unter ihnen der schon genannte *Abschied von Rom*, vor allem aber der Klavierzyklus *Das Jahr*, der eine symbolische musikalische Auseinandersetzung mit diesem Italienjahr darstellt, und eine Reihe von Liedern. Als Fortsetzung ihres musikalischen Salons in Rom erweckte sie «Sonntagsmusiken», die halb öffentlichen Konzerte in ihrem Gartenhaus, zu neuem Leben und schuf so ein Fundament, auf dem sie ihre künstlerische Begabung wirkungsvoller als zuvor entfalten konnte.

# Die «Sonntagsmusiken»

In den «Sonntagsmusiken» im Mendelssohn'schen Haus entstand ein musikalisches Gegenstück zu den damals in Berlin berühmten literarischen Salons der Henriette Herz und der Rahel Varnhagen. Abraham Mendelssohn hatte sie bereits 1821 ins Leben gerufen und engagierte für diese Konzerte Mitglieder der Hofkapelle. Damit bot er seinen so außerordentlich begabten Kindern Felix und Fanny die Möglichkeit, das Auftreten vor Publikum zu üben und eigene Kompositionen vorzustellen. Vorzugsweise gerieten diese Konzerte zu einem Forum für Felix Mendelssohn. Eduard Devrient charakterisiert die Zusammenkünfte in seinen «Erinnerungen»: «Des Sonntags Abends pflegte sich jetzt der größere Kreis im Mendelssohnschen Hause zu versammeln, der sich im Sommer halb im offenen Gartensaale, halb in dem parkartigen Garten einrichtete, wo sich eine Anzahl blühender Freundinnen der Töchter des Hauses einfanden und Felix Gelegenheit zu seinen ersten Versuchen im Courmachen hatte. Hier wie im Wintersalon waren aber Clavierspiel und Gesang das Bindemittel der Geselligkeit.»[104] Im Lauf der Zeit wurden diese «Sonntagsmusiken» immer mehr zu einem der Mittelpunkte des musikalischen Berlin, das zu dieser Zeit überaus lebendig war. Unter Carl Friedrich Zelter hoben 24 Männer die «Berliner Liedertafel» aus der Taufe, die Vorbild der geselligen Männergesangvereine wurde. Die «Königliche Kapelle» hatte bereits unter Carl Philipp Reichard den Schritt von der Hofkapelle zum bürgerlichen Musikleben vollzogen, sie spielte 1821 bei der Uraufführung von Carl Maria von Webers Oper «Der Freischütz». Allerdings hielt diese lebendige und offene Atmosphäre geistiger Auseinandersetzung nicht lange an. Bereits 1819, Fanny und Felix Mendelssohn waren noch Kinder, führten gesellschaftspolitische Veränderungen nicht nur zu neuen antisemitischen Strömungen, sondern auch zu verstärkter Repression gegenüber Theater und Presse.

Die Einführung der Zensur machte beide abhängig vom Ermessen der jeweiligen Zensurbeamten. Dennoch – oder trotzdem? – entwickelte sich das kulturelle Leben in Berlin weiter. Rahel Varnhagen verstand es, in ihrem Leben an Politik und Kunst interessierte Menschen zu versammeln. Die Brüder Humboldt, Ludwig Tieck, Achim und Bettina von Arnim, Adelbert von Chamisso und Georg Wilhelm Friedrich Hegel besuchten ihre Gesprächs- und Diskussionsrunden. Den Gästen in den Salons der Rahel Varnhagen und der Henriette Herz begegnete man auch bei den «Sonntagsmusiken» im Mendelssohn'schen Haus.

Noch 1843 schreibt Hector Berlioz im Pariser «Journal des Débats»: «Ich würde mit dieser königlichen Stadt Berlin nicht fertig werden, wenn ich ihren Reichtum an musikalischen Mitteln bis ins einzelne studieren wollte.»[105] Berlin war ein beliebtes Ziel der Virtuosen am Flügel wie auf der Violine, die sich auch im Hause Mendelssohn einfanden. Fanny Mendelssohn hat die Begegnungen in einem *allerliebsten Buch* dokumentiert, das sie von der Cousine ihrer Mutter, Henriette von Pereira-Arnstein, geschenkt bekommen hatte mit der Idee, Freunde und Gäste eine musikalische Widmung eintragen zu lassen. Die Freude über dieses Geschenk geht aus dem Dankesbrief hervor, den sie am 21. Oktober 1821 nach Wien schrieb: *Wahrlich, lange hat mich kein Geschenk so gefreut als dieses allerliebste Buch. Ich habe die Bestimmung, welche Sie ihm gaben, in etwas verändert, indem ich mir von musikalischen Freunden kleine Kompositionen will hineinschreiben lassen, in eben demselbem Sinne können die weissen Blätter zu Zeichnungen angewendet werden.*[106] So sind in dem Büchlein Eintragungen von Friedrich Schlegel und Carl Friedrich Zelter zu finden, die ein wenig an die auch später noch beliebte Praxis des Poesiealbums erinnern. Zelter schreibt unter dem 12. Juni 1819 (Datum offensichtlich später eingefügt) den Spruch: «An Fanny. Freue Dich Deiner Jugend und laß Dein Herz guter Dinge sein, denn solches gefällt Gott! und unter den Menschen und Freunden Deinem glücklichen Lehrer Zelter».[107] Später findet sich eine Eintragung des französischen Geigers Pierre Rode, der im Hause ein gern gesehener Gast war: «Ich lasse Ihnen, Mademoiselle, ein kleines musikalisches Andenken hier, das Ihnen die Gelegenheit gibt, sich ab und zu an mich zu erinnern …»[108] Der Flötist Louis Drouet, der Geiger Alexandre-Jean Boucher, der Komponist und Geiger Eduard Rietz, der Pianist Friedrich Kalkbrenner, der Geiger Leopold Lindenau, der gefeierte Pianist Ignaz Moscheles wie auch der «Teufelsgeiger» Niccolò Paganini finden sich mit Eintragungen in diesem Erinnerungsbüchlein. Paganini war am 12. März, dann am 6. Mai und am 13. Mai 1829 im Mendelssohn'schen Hause zu Gast. Wilhelm Hensel hat ihn gezeichnet, Fanny Mendelssohn hingegen schien zwischen Bewunderung und Distanz zu schwanken. Er trug die ersten Takte eines kleinen «Capriccio» für Violinsolo in das Büchlein ein; Hans-Günter Klein beobachtet dazu, das dies anscheinend ein

Niccolò Paganini. Zeichnung von J. A. D. Ingres, 1819

Standardstück für Paganinis Stammbuch-Widmungen gewesen sei, denn aus der Zeit nach der Niederschrift für Fanny Mendelssohn-Hensel seien noch vier weitere Album-Blätter mit diesen Takten bekannt.[109]

Wilhelm Hensels Widmung vom Juli 1822 ist ein Gedicht, das die Komponistin später vertonen wird. Er schrieb es als Abschiedsgedicht in das Büchlein, bevor die Familie Mendelssohn zu einer mehrmonatigen Reise in die Schweiz aufbrach:

Ein Liedlein hör' ich rauschen,
Das folgt mir überall,
Die Englein selber lauschen,
Es horcht die Nachtigall.

Und wie der Mond die feuchten,
Tiefbraunen Schatten bricht,
Ergeht ein stilles Leuchten
Vom lieben Angesicht.[110]

Allerdings waren nicht alle Kompositionen der Geschwister für diesen halb öffentlichen Kreis gedacht, die Stücke «Lobgesang», die Freude der Mutter über die Geburt ihres Sohnes, oder die Kantate «Hero und Leander» anlässlich der Silberhochzeit der Eltern erklangen in den Privaträumen Lea Mendelssohns, sie waren nur für den engsten Familienkreis bestimmt. Neben Freunden, Verwandten und mit der Familie bekannten Musikern fanden sich in der Leipziger Straße 3 zu diesen «Sonntagsmusiken» eine Fülle der Repräsentanten des öffentlichen Lebens in Berlin und Europa ein.

Fanny Mendelssohn-Hensel übernahm 1831 die Gestaltung der «Sonntagsmusiken», da ihr Bruder immer häufiger und länger abwesend war. Sie nutzt die Gelegenheit für Auftritte als Pianistin und Dirigentin. Nach einigen familiär bedingten Unterbrechungen sind diese Konzerte ab 1837 nicht mehr nur Zusammenkünfte eines musikinteressierten Kreises um die Familie Mendelssohn, sie strahlen immer mehr auf Deutschland und das europäische Ausland aus. Dies lässt sich an der Liste der Gäste ablesen.

In diesem großbürgerlichen Kreis ging es jedoch nicht nur um Musik, hier fanden auch politische Diskussionen statt, als deren unbefangener und warmherziger «Stimmführer» der Rechtsgelehrte Professor Eduard Gans hervortrat. Als Heinrich Heine Gast ist, lässt ihn Fanny Mendelssohn-Hensel abblitzen. Nach dem die Mendelssohn'schen Kinder ihre Vorliebe für Jean Paul bekundet hatten, habe Heine ein wenig blasiert gemeint, wer sei schon Jean Paul, er habe das Meer nie gesehen. Fanny Mendelssohn habe daraufhin schlagfertig erwidert, dass Jean Paul eben keinen Onkel Salomon gehabt habe, der ihm die Reise hätte finanzieren können.[111] Alexander von Humboldt, der im Garten des Mendelssohn'schen Hauses eine Beobachtungsstation unterhielt und ein enger Freund Joseph Mendelssohns war, weilte unter den Gästen wie auch sein Bruder Wilhelm. Carl Maria von Weber gehörte ebenso dazu wie der französische Komponist Charles Gounod und Clara und Robert Schumann. Franz Liszt wurde im Hause gesehen, auch die damals berühmte Sängerin Wilhelmine Schröder-Devrient, die zudem bei den Konzerten mitwirkte. Zu dem illustren Kreis gehörten ferner der Germanist und Sammler der deutschen Volksmärchen, Jacob Grimm, der Maler Moritz von Schwind, der Dichter Clemens Brentano und noch viele andere, die hier nicht genannt werden können. Fanny Mendelssohn-Hensel berichtet am 18. März 1844 ihrer Schwester Rebecka von der Bedeutung und dem Erfolg der «Sonntagsmusiken»: *Vorigen Sonntag war auch bei uns die brillanteste Sonntagsmusik, die, glaube ich, noch jemals stattgefunden hat, sowohl was Ausführung und Publikum betraf. Wenn ich Dir sage, daß zweiundzwanzig Equipagen auf dem Hof und Liszt und acht Prinzessinnen im Saal waren,*

Heinrich Heine. Zeichnung von Wilhelm Hensel, 1829

Alexander von Humboldt. Zeichnung von Wilhelm Hensel, vermutl. 1858, Bleistift weiß gehöht auf Karton mit gelblichem ovalem Tondruck

*wirst Du mir die nähere Beschreibung des Glanzes in meiner Hütte wohl erlassen.*[112] Stolz und Glück sprechen aus diesen Worten. Ihre Konzerte waren berühmt; hier trafen Engagement, musikalische Sensibilität und Professionalität zusammen.

> Das Schönste an der Gartenwohnung war der große, in der Mitte gelegene Saal. Derselbe faßte mehrere hundert Menschen und bestand nach dem Garten zu aus lauter zurückschiebbaren Glaswänden mit Säulen dazwischen, so daß er in eine ganze offene Säulenhalle zu verwandeln war. Wände und Decke, letztere eine flache Kuppel bildend, waren in etwas barocker aber phantastischer Weise mit Freskobildern geziert. Hier war das eigentliche Lokal, wo die Sonntagsmusiken ihre volle Ausdehnung gewinnen sollten.
>
> Sebastian Hensel: Die Familien Mendelssohn

Fanny Mendelssohn-Hensel verfügte auch über die Fähigkeit zur Zeitkritik, die sie allerdings nicht öffentlich vertrat wie Bettine von Arnim. Im ständigen, selbstverständlichen Umgang mit Gästen aus den unterschiedlichsten Bereichen von Kunst und Wissenschaft entwickelte sie ihren Standpunkt. Die Diskussionen im Hause kreisten in den vierziger Jahren offenbar häufig um die politische Situation in Preußen, wie ein Brief vom 31. Oktober 1843 an Rebecka Dirichlet zeigt: *Unsere öffentlichen Zustände schwanken noch immer hin und her. Jetzt schließt sich Hannover vorderhand partiell dem Zollverein an, was man für sehr wichtig hält. Inmitten aller Hindernisse geht doch der Geist der Nation unaufhaltsam vorwärts, das ist nicht zu verkennen.*[113] Ihrer Genugtuung über die fortschreitende Einheit in der deutschen Vielstaaterei steht eine unverblümte und kritische Bewertung der Restauration und Repression in Preußen gegenüber. Wiederum an Rebecka schreibt sie am 18. Mai 1844: *Überhaupt gibt's im öffentlichen Leben wenig Erfreuliches. Ungeheure Aktienschwindelwut für Eisenbahnen, namenlose Not der schlesischen Weber, der jetzt auf alle Weise zu steuern versucht wird, Grimms Erklärung in öffentlichen Blättern, daß ihnen an ihrem Geburtstag Hoffman von Fallersleben ein unwillkommener Gast gewesen, Versuche zu einem lebendigeren, gemeinsamen Verkehr auf allen deutschen Universitäten mit Karzer und Konsilium bestraft, täglich Verbote, Kränkeleien der Regierung und Polizei nach allen Seiten hin, nur nicht nach denen der öffent-*

*lichen Sicherheit und Reinlichkeit.*[114] Und am 4. September 1844: *Was muß der preußische Staat für ein erbärmliches Gebäude sein, wenn er wirklich Gefahr läuft zu wackeln, sobald drei Studenten einen Verein bilden oder drei Professoren eine Zeitschrift herausgeben [...].*[115] Diese kritischen Anmerkungen, und es ließen sich noch weitere aus dem Briefwechsel anfügen, weisen auf die Turbulenzen der Revolution von 1848 voraus, die Fanny Mendelssohn-Hensel nicht mehr erleben sollte, und auf die Zeit in der zweiten Hälfte des 19. Jahrhunderts, in der das Wiederaufleben des Antisemitismus die Aufführungsmöglichkeiten für Werke Mendelssohns nachhaltig einschränken wird.

Neben zeitkritischen Bemerkungen findet sich in ihren Notizen auch ein *Vorschlag zur Errichtung eines Dilettantenvereins,* mit dem die Komponistin eine *Verbesserung der Instrumentalmusik* in Berlin anstrebte und Einfluss auf die kulturelle Entwicklung der Stadt nehmen wollte. Sie beklagt in ihrer Darstellung die *sinkende Kunst,* die *mit starker Hand* gehoben werden müsse, damit sie nicht in der *Geschmacklosigkeit der Zeit* und *in dem Egoismus der Anführer* und der *Verwöhnung des Publikums* untergehe! Die Berliner Singakademie Christian Friedrich Faschs sieht sie als Vorbild dieser neuen Institution, die die Aufführung von *Symphonien für die größte Form für den großen Gehalt der Instrumentalmusik* zum *besonderen Augenmerk* haben sollte. Sie erläutert detailliert die Organisation dieser Stiftung, die Kostendeckung ebenso wie die Probenorganisation und die Honorierung des Direktors aus den Erträgen des Vereins, die durch Konzerte im Abonnement erwirtschaftet werden sollen.[116] In diesem Vorschlag ist bereits die Idee zur Gründung des späteren Berliner Philharmonischen Orchesters enthalten. Inzwischen glänzten die «Sonntagsmusiken» besonders durch die Fülle der musikalischen Erlebnisse, die sie vermittelten. In dem bereits zitierten Brief Fanny Mendelssohn-Hensels an ihre Schwester Rebecka vom 18. März 1844 berichtet sie auch von dem Programm, das sie für diesen Tag zusammengestellt hatte:

Die Berliner Singakademie, um 1830. Kupferstich
der Werkstatt Finden nach einer Zeichnung von Fr. W. Klose

*Quintett von Hummel*
*Duett aus Fidelio*
*Variationen von David von Joachim gespielt*
*Zwei Lieder von Eckert*
*«Walpurgisnacht» von Felix*

Die Programme zeigen immer wieder die Präsenz der bewun-
derten Komponisten Johann Sebastian Bach und Ludwig van
Beethoven, aber auch viele Werke zeitgenössischer Komponisten, die im 20. Jahrhundert ihre Bedeutung, mitunter zu Unrecht, eingebüßt haben, wie z. B. Ignaz Moscheles oder Ludwig
Spohr. Am 28. Oktober 1833, also einige Jahre vor dem oben zitierten Brief an Rebecka, notiert Fanny Mendelssohn-Hensel in
ihrem Tagebuch die Zusammenstellung der «Sonntagsmusiken»:

*Das erstemal:*
    *Quartet von Mozart*
    *Concert von Beethoven G-Dur*

  *2 Duette aus Fidelio-Devrient und Decker*
  *Concerto d-moll von Bach*
*Das 2temal:*
  *Tripelkonzert von Beethoven mit Kius und Ganz*
  *Hero v.d. Decker*
  *Felix spielt sein Konzert u.*
  *das d-moll Concert von Bach*
*das dritte Mal:*
  *Felix Variat. mit Gans*
  *Quartett von Weber*
  *Final aus Oberon Decker*
  *Quintett von Spohr*
  *… lied aus Oberon*
*das 4te Mal:*
  *Trio von Beethovens Es-Dur*
  *Violin-Quartett von Felix a-moll*
  *Trio von Beethoven D-Dur*
*das 5te Mal:*
  *Trio von Mozart G-Dur*
  *Scene aus dem Freischütz Decker*
  *Trio von Moscheles*
  *Arie aus Iphigenie*

Fanny Mendelssohn-Hensel notiert auch die Häufigkeit, mit der die Komponisten vertreten sind:

  *6 mal Beethoven*
  *2 mal Bach*
  *2 mal Mozart*
  *4 mal Weber*
  *3 mal Felix*
  *2 mal Gluck*
  *1 mal Spohr*
  *1 mal Moscheles*
  *1 mal ich*[117]

Fanny
Mendelssohn-
Hensel.
Zeichnung
von Wilhelm
Hensel

Der Anteil von Kompositionen Mendelssohn-Hensels scheint nach dieser Auflistung nicht besonders hoch gewesen zu sein, sie trat offensichtlich bescheiden zurück, und dies, obwohl sie ihre Werke als durchaus ebenbürtig ansah. Beachtet man jedoch das Datum dieser Aufzeichnung, das Jahr 1833, so wird deutlich, dass sie damals noch nicht jenes Selbstbewusstsein als Komponistin besaß, das erst aus der Anerkennung ihres Schaffens während des Italien-Aufenthalts hervorgehen sollte. Allerdings tragen ihre Auftritte als Pianistin und die Aufführung einiger ihrer Werke in den letzten Lebensjahren zu einer über Berlin hinausreichenden Bekanntheit bei. Henry F. Chorley, der als Musikkritiker für das «Athenaeum» arbeitete, schreibt über ihre Kompositionen: «Wäre Madame Hensel die Tochter eines armen Mannes gewesen, so wäre sie in der Welt so berühmt geworden wie Madame Schumann und Madame Pleyel, als eine Pianistin der höchsten Klasse. Wie ihr Bruder, so verfügen ihre Kompositionen über einen Touch südlicher Lebendigkeit, welche unter den deutschen so selten ist!»[118] Nicht nur das Lob ihrer Werke und ihres Klavierspiels, dem Henry F. Chorley inneres Feuer und große Sicherheit attestiert, und die Bemerkungen von Charles Gounod über Mendelssohn-Hensels Kompositionen würdigen sie als besonders begabte Künstlerin. Auch die Wirkungen ihrer Lieder gehen weit über den Kreis der «Sonntagsmusiken» hinaus. Königin Victoria von Großbritannien und Irland wählte anlässlich eines Besuches von Felix Mendelssohn ausgerechnet ein Lied von Fanny Mendelssohn-Hensel für ihren eigenen Vortrag aus, und Mendelssohn sah sich gezwungen, die Autorschaft seiner Schwester zu bekennen.

Fanny Mendelssohn-Hensel trat als Pianistin in einer größeren Öffentlichkeit allein am 27. Februar 1838 auf, als sie im Rahmen eines Wohltätigkeitskonzerts das Klavierkonzert op. 25 in g-moll ihres Bruders spielte. Wäre sie nicht die Tochter eines wohlhabenden Mannes gewesen, hätte sie wie Clara Schumann für eine Familie sorgen müssen, dann wäre sie als eine Pianistin der «Spitzenklasse» in Erscheinung getreten. So nutzte sie zwar die Möglichkeiten, die sich ihr durch die Organisation und die Leitung der «Sonntagsmusiken» ergaben, die breite öffentliche Anerkennung vermisste sie aber, wie aus Briefen und Tagebucheintragungen hervorgeht.

Clara Schumann. Zeichnung von Wilhelm Hensel

# Das Ende

Die letzte Komposition seiner Schwester – Seine letzte – Lieder von Eichendorff»[119], schreibt Robert Schumann in seinen «Erinnerungen an Felix Mendelssohn Bartholdy». Schumann sieht hier beide als gleichrangige Komponisten und verdeutlicht, sicher unbeabsichtigt, ihre starke Bindung zueinander durch die Musik. Der Herausgeber der Schumann-Erinnerungen verweist auf die letzte Seite der Kompositionen Felix Mendelssohns, auf der sich die Vertonung eines Gedichtes von Joseph von Eichendorff findet. Felix Mendelssohn selbst berichtet in seinem Brief vom 3. Juni 1847 an Carl Klingemann von Fannys letzter Komposition, von einem Lied auf einen Text von Eichendorff: «Am Morgen hatte sie noch ein Lied von Eichendorff komponiert, dessen Worte schliessen: ‹Gedanken geh'n und Lieder bis in das Himmelreich›»[120] und bestätigt so die Notiz Schumanns.

Das letzte Werk, das Fanny Mendelssohn-Hensel im Gartensaal spielte, war die «Walpurgisnacht» ihres Bruders. Eduard Devrient berichtet von dieser letzten Probe vor ihrem Tod in seinen «Erinnerungen»: «In vollem Wohlsein und heiterstem Leben hatte sie am Nachmittage des 14. Mai [1847] im Gartensaale eine Gesangsprobe zur nächsten Sonntagsmusik veranstaltet. Unvorbereitet fühlte sie auf einmal ihre Hände auf den Tasten des Klaviers absterben, mußte einem musikalischen Freunde ihren Platz am Flügel übergeben. Man probierte fort an der ‹Walpurgisnacht›, sie hörte aus dem dritten Zimmer durch die geöffneten Thüren zu, indessen sie die Hände in heißem Essigwasser badete. ‹Wie schön klingt es›, sagt sie wunderbar erfreut, glaubt sich hergestellt, wollte in den Musiksaal zurück, als eine zweite und allgemeine Lähmung eintrat, das Bewußtsein schwand, und sie Nachts um 11 Uhr ausgeathmet hatte.»[121] Kurz und mit äußerster Sachlichkeit beschreibt Sebastian Hensel den Tod seiner Mutter: «Freitag,

Fanny Mendelssohn-Hensel: Lied auf einen Text von
Joseph von Eichendorff für Singstimme und Klavier F-Dur, 1844.
Autograph mit einer Zeichnung von Wilhelm Hensel

den 14. Mai nachmittags, hatte sie Probe mit ihrem kleinen
Chor zu der für Sonntag angesetzten Musik. Da wurde ihr
plötzlich am Klavier während des Begleitens unwohl, die Hände versagten den Dienst, sie wurde sprachlos und bald be-

wußtlos – ärztliche Hilfe war sofort bei der Hand; aber ohne Erfolg – um elf Uhr nachts war alles vorbei. Ein Bluterguß im Gehirn hatte sie getötet.»[122] Felix Mendelssohn beschreibt erschüttert in seinem Brief an Carl Klingemann die Umstände ihres Todes: «Fanny war nicht krank und nicht leidend. Sie war nie so wohl wie in der letzten Zeit und den letzten Tag ihres Lebens. In einer Probe zu ihrer Sonntagsmusik, während sie den Chor ‹es lacht der Mai› singen liess und begleitete (Du weisst – aus meiner Walpurgis) fühlte sie sich unwohl, ging aus dem Zimmer, und als Paul ³/₄ Stunden darauf kam, fand er sie schon ganz ohne Bewusstsein, und 4 Stunden später lebte sie nicht mehr.»[123] Die «Erinnerungen» Eduard Devrients und der Brief Mendelssohns benennen übereinstimmend die Musik der «Walpurgisnacht» Mendelssohns als letztes Stück, das Fanny Mendelssohn-Hensel spielte. Die Komponistin Johanna Kinkel übermittelt eine andere, eher legendenhafte Version: «Es war die letzte Probe, und Fanny hätte gut die Worte des sterbenden Faust zitieren können, die er in dem wirklichen Gedicht, das vor ihr lag, aussprach: – Im Vorgefühl von solchem hohen Glück genieß’ ich nun den höchsten Augenblick. – Die Faust-Legende sagt, daß der Held in dem Moment sterben muß, in dem er fühlt, daß sein Leben sich erfüllt hat und das war das Schicksal der Komponistin. Fanny schlug den ersten Akkord an und fiel im gleichen Moment tot um.»[124] So schön ein derart dramatischer und symbolhaft überhöhter Tod auch hätte sein können, die Quellen sprechen dagegen – auch Sebastian Hensels Schilderung der letzten Stunden seiner Mutter.

Vom Schock des plötzlichen Todes der geliebten Schwester erholte sich Felix Mendelssohn nicht mehr. Im Brief an Wilhelm und Sebastian Hensel wird seine Fassungslosigkeit besonders deutlich: «Wenn Dich meine Handschrift im Weinen stört, so tue den Brief weg, denn Besseres gibt es jetzt wohl nicht für uns, als wenn wir uns recht ausweinen können. Wir sind glücklich miteinander gewesen, nun wirds ein ernstes, trauriges Leben. Du hast meine Schwester sehr glücklich gemacht, ihr ganzes Leben hindurch, so wie sie es verdiente. Das danke ich Dir heut, und solange ich atme, und wohl darüber hinaus – nicht bloß mit Worten, sondern mit bittrer Reue darüber, daß ich nicht mehr für ihr Glück getan habe, daß ich sie nicht mehr gesehen, nicht mehr bei ihr gewesen bin. [...] Verzeih, ich sollte anders zu Dir schreiben, aber ich kann nicht! brauchst Du einen treuen Bruder, der Dich von ganzem Herzen liebt, so nimm mich – ich werde gewiß besser werden als ich war, wenn auch nicht so froh – aber was soll ich Dir sagen, Du lieber Sebastian? Es gibt ja nichts zu sagen und nichts zu tun, als das eine – Gott zu bitten, daß er uns ein reines Herz schaffe, uns einen neuen gewissen Geist gebe, vielleicht können wir hier auf Erden, und dann immer mehr derer würdig werden, die das beste Herz und den besten Geist hatte, den wir je gekannt und geliebt haben. Gott segne uns und zeige uns den Weg weiter. Keiner von uns kann den Weg sehen, und doch muß es wohl einen geben, denn Gott selbst hat uns ja diese Wunde für das übrige Leben geschlagen und er möge sie wieder lindern. Ach, mein lieber Bruder und Freund, Gott sei mit Dir und mit Sebastian und unseren Geschwistern.»[125] Carl Klingemann gegenüber bekennt er: «Der Schlag war so

Carl Klingemann.
Zeichnung von Wilhelm
Hensel, 1835

schwer und so unerwartet, daß ich seitdem immer noch halb wie im Traum umhergehe.»[126] Ferner berichtet er dem Freund, dass er erwäge, seine Konzertauftritte in der folgenden Saison aufzugeben, da er so entschlusslos sei und sich nicht über ein Jahr hinaus festlegen könne. Er bleibe lieber bei seiner Familie zu Hause, um dort zu arbeiten. Damit meinte er wohl das f-moll-Streichquartett als Requiem für seine Schwester Fanny, denn «alles Übrige ist von Übel»[127]. Klingemann fasst in seiner Reaktion auf Fanny Mendelssohn-Hensels Tod ihre Bedeutung für die Familie fast hellsichtig zusammen, wenn er an den Freund die folgenden Zeilen richtet: «Henseln beklage ich von innerlichster Seele, er verliert alles, seinen Halt, sein bessres Selbst, aber es ist mir doch als müsste ich Dich mehr beklagen, als berührte Dich der Verlust noch tiefer – immer habe ich an Dich denken müssen, Du mein Freund, und ich sehne mich zu wissen, daß Du Kraft gehabt hast, den ersten Verlust dieser Art zu ertragen. Eltern vor uns sterben zu sehen, darauf müssen wir gefasst sein, aber Geschwister, Zeitgenossen, Genossen unserer hellsten Tage, das ist hart. Und nun gar die! solch ein begabtes Wesen, solch ein Schatz an Errungenem, Durchdachtem, Durchlebtem – es ist ein ewiger Jammer.»[128]

Felix Mendelssohn verwand den Tod seiner Schwester nicht und folgt ihr am 4. November 1847. So erfüllt sich sein Versprechen, das er ihr bei seinem letzten Besuch in Berlin gegeben hatte, als sie sich darüber beklagte, er habe sie so lange nicht mehr zu ihrem Geburtstag besucht: «Verlaß Dich drauf, das nächste Mal bin ich bei Dir», und Eduard Devrient fährt fort: «Und er hat Wort gehalten, der achte November war Fannys Geburtstag.»[129] Hier allerdings irrte Devrient, der Geburtstag Fannys war der 14. November. Fanny Mendelssohn-Hensel und Felix Mendelssohn Bartholdy wurden im Familiengrab auf dem alten Dreifaltigkeitskirchhof in Berlin beigesetzt.

Auch Wilhelm Hensel fand sich in seinem Leben nicht mehr zurecht. Seine Frau hatte alle Geschäfte, die Vermögensverwaltung und die Organisation des Haushalts geführt, sie hatte Sebastian erzogen; er hatte allein seiner Malerei leben können. Aber auch diese konnte ihn nicht trösten, er sei «ganz

Fanny Mendels-sohn-Hensel. Zeichnung von Wilhelm Hensel

zerrüttet», berichtet der Sohn und fährt fort: «Er, der sonst der fleißigste, rastlos tätigste Mann, dem sonst schöne Bestellungen Arbeit auf Jahre hinaus sicherten, [...] hat in den nahezu fünfzehn Jahren, die er sie überlebte, eigentlich nichts mehr gemalt [...].»[130] Damit übertreibt der Sohn, denn viele seiner Zeichnungen, es sind weit über 400, stammen aus den Jahren nach 1847. Hensel konnte jedoch in seinem Atelier im Haus Leipziger Straße 3 nicht mehr leben. Bereits 1851 wurde es an den preußischen Staat verkauft. Hensel befasste sich mit Politik, stand während der Revolution 1848 loyal zum König, reiste u. a. nach Schlesien und zu seinem Sohn nach Ostpreußen, wo dieser das Gut Groß-Barthen erworben hatte. Das unruhige Leben Hensels lässt sich nur durch die tiefe Erschütterung erklären, die der frühe Tod seiner Frau ausgelöst hatte. Wilhelm Hensel starb am 26. November 1861. Theodor Fontane beschreibt seinen Tod: «Schön wie er gelebt, so starb er. Eine menschenfreundliche Handlung wurde die unmittelbare Ursache seines Todes. Ein Kind aufraffend, das in Gefahr war, von einem Omnibus überfahren zu werden, verletzte er sich selbst am Knie; von da ab lag er danieder.»[131] Es scheint, als sei die Kraft in Hensels Leben, auch die Quelle seines bis dahin intensiven künstlerischen Schaffens mit dem Tod Fanny Mendelssohn-Hensels versiegt.

Beide, Felix Mendelssohn und Wilhelm Hensel, lebten offensichtlich auch von der Energie der Schwester und der Ehefrau; ohne sie erloschen Phantasie und Lebensmut. Diese Energie war außergewöhnlich, betrachtet man die Fülle ihrer Tätigkeiten für die Familie und ihr Werk als Komponistin.

Joseph von Eichendorff: Bergeslust

O Lust, vom Berg zu schauen weit über Wald und Strom,
hoch über sich den blauen, den klaren Himmelsdom.
Vom Berge Vögel fliegen und Wolken so geschwind,
Gedanken überfliegen die Vögel und den Wind.
Die Wolken ziehn hernieder, das Vöglein senkt sich gleich,
Gedanken gehn und Lieder bis in das Himmelreich.

Vertont von Fanny Hensel,<br>publiziert in: Ausgewählte Lieder<br>für Singstimme und Klavier,<br>Band I, Edition Breitkopf, 1993, S. 44 ff.

# Die Kompositionen

## Sololieder

Das Kunstlied eignete sich besonders zum Musizieren im kleinen Kreis und war daher eine der beliebtesten Gattungen in
der musikalischen Romantik. In ihm vereinigten sich Musik
und Poesie zu künstlerischer Einheit, erhielten Gefühle ein
ihnen entsprechendes ausdrucksvolles Gefäß. Das Ideal der
Einfachheit und Sanglichkeit wurde von der Berliner Lieder-
schule und Carl Friedrich Zelter vertreten, bei Franz Schubert
erreicht es eine äußerste künstlerische Verfeinerung, Expressi-
vität und subjektive Erlebnisdichte. Er, Robert Schumann,
Clara Schumann, Felix Mendelssohn Bartholdy – später Johannes Brahms und Hugo Wolf –, um nur einige zu nennen, gelten
als die bedeutendsten Schöpfer von Liedern dieser Epoche. In
der Spannung zwischen einfachem Strophenlied und der Synthese verschiedener formaler Gegensätze im durchkompo-
nierten Lied stehen auch die ca. 250 klavierbegleiteten Sololieder Fanny Mendelssohn-Hensels.

Ihre Lieder fanden durch den Vortrag ihrer Schwester Rebecka oder der berühmten Sängerin Wilhelmine Schröder-
Devrient bei den «Sonntagsmusiken» und über diese hinaus
Anerkennung. So schrieb Felix
Mendelssohn am 7. März 1837
nach der Aufführung eines ihrer
Lieder: «Ich will Dir über dein
Lied gestern schreiben, wie
schön es war. Meine Meinung
weißt Du zwar schon, doch war
ich neugierig, ob mir mein alter
Liebling, den ich immer nur im
grauen Kupferstichzimmer oder
im Gartensaal von Beckchen
[Rebecka] gesungen und von Dir

Wilhelmine Schröder-Devrient
(1804–1860) sang am Dresdner
Hoftheater, wurde aber wegen
ihrer Teilnahme am Maiaufstand
1849 aus Dresden ausgewiesen,
wirkte als Liedsängerin in Berlin.
Sie verband vorbildlich Gesangs-
und Schauspielkunst u. a. als
Leonore in «Fidelio», als Senta in
«Der Fliegende Holländer» und als
Venus in «Tannhäuser».

**Brockhaus Enzyklopädie,**
**Bd. 19, 1992**

gespielt kannte, nun auch in dem sehr gefüllten Saal, bei hellem Lampenlicht, nach vieler lärmender Orchestermusik, die alte Wirkung tun würde. So war es mir ganz kurios, als ich ganz still und allein Deinen netten Wellenschlag auffing, und die Leute mäuschenstill horchten; aber niemals hat mir ein Lied besser gefallen als gestern abend, und die Leute begriffen es auch und murmelten jederzeit, wenn das Thema am Ende wieder anfängt mit dem langen e, und klatschten sehr lebendig am Schluß. Zwar sang Grabow lange nicht so gut wie Beckchen. Indes war es doch sehr rein und die letzten Takte sehr hübsch. Bennett, der auf dem Orchester war, läßt Dich vielmals grüßen und Dir über dein Lied sagen, was Du schon weißt, und ich meinerseits bedanke mich im Namen des Publikums zu Leipzig und den anderen Orten, daß Du es gegen meinen Wunsch doch herausgegeben hast.»[132] Das Lied, von dem hier die Rede ist, *Die Schiffende* nach einem Gedicht von Ludwig Hölty, hatte Fanny Mendelssohn-Hensel in einem 1836 vom Verleger Schlesinger herausgegebenen Salon-Album veröffentlicht. Es fand besondere Zustimmung im Unterschied zu den anderen Liedern des Albums, die eher oberflächlich-romantischen Charakter besaßen. Auch dazu äußert sich Mendelssohn, er schreibt aus Leipzig: «Weißt Du denn Fenchel, daß Dein A-Dur-Lied in Schlesingers Album Furore hier macht? Daß die Neue musikalische Zeitung (ich meine ihren Redakteur, der in meinem Hotel mit ißt) für Dich schwärmt? Daß alle sagen, es sei das beste im Album, was ein schlechtes Kompliment ist,

Wilhelmine Schröder-Devrient. Zeichnung von Wilhelm Hensel, 1844 (?)

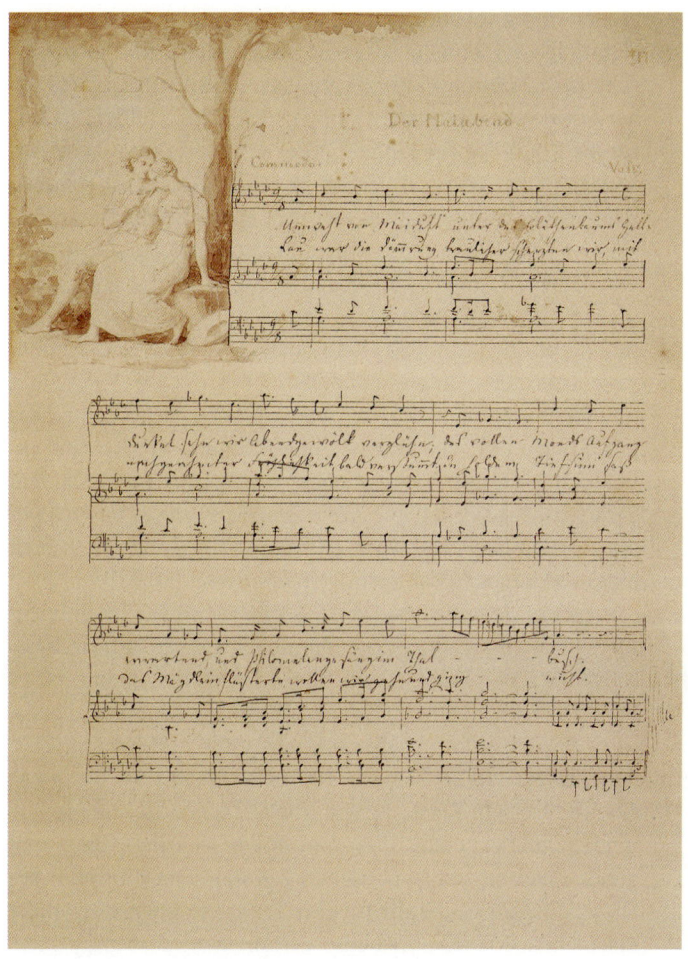

Fanny Mendelssohn-Hensel: Der Maiabend.
Autograph mit einer Zeichnung von Wilhelm Hensel

denn wo ist sonst was Gutes? Daß sie es aber wirklich goutie-
ren? Bist Du nun ein rechter Autor, und macht Dir das auch
Plaisir?»[133] Betrachtet man beide Briefe etwas näher, so fällt
auf, dass Mendelssohn sich über den Erfolg seiner Schwester
nicht freuen kann. Er spricht in seinem Konzertbericht von

einem «netten Wellenschlag» des Liedes, dieser ist aber offensichtlich so spannend gewesen, dass das Publikum «mäuschenstill zuhorchte»! Auch die Frage, ob sie nun ein «richtiger Autor» sei, zeigt seine ambivalente Haltung seiner Schwester als Komponistin gegenüber; er freut sich und freut sich wieder nicht. Wie schon oben erwähnt, beschreibt er einen weiteren Erfolg eines ihrer Lieder in einem Brief vom 19. Juli 1842 an seine Mutter über seinen Besuch bei Königin Victoria von Großbritannien und Irland bei dem er die Queen bittet, ein Lied aus seinem Liederalbum zu singen, «und sie tat es sehr freundlich, und was wählte sie? ‹Schöner und schöner schmückt sich›, sang es ganz allerliebst rein, streng im Takt und recht nett im Vortrag […] war wirklich allerliebst, und das letzte lange -g- habe ich von keiner Dilettantin besser und reiner und natürlicher gehört. Nun mußte ich bekennen, daß Fanny das Lied gemacht hatte (eigentlich kam es mir schwer an, aber Hoffart will Zwang leiden), und sie bitten, mir auch eines von den wirklich meinigen zu singen.»[134]

Fanny Mendelssohn-Hensel komponierte Lieder in Italienisch, Französisch, Englisch, die überwiegende Zahl in deutscher Sprache. Neben Gedichten der engeren Freunde Carl Klingemann und Johann Gustav Droysen, der Freundin der Familie Friederike Robert, ihrem Mann Wilhelm Hensel und dessen Schwester, Luise Hensel, fand sie bei Johann Wolfgang von Goethe, Ludwig Tieck, Joseph von Eichendorff, Ludwig Uhland, Nikolaus Lenau, Wilhelm Müller, Heinrich Heine und vielen anderen zeitgenössischen Autoren jene Intensität des Sprachausdrucks, die ihr für ihre Kompositionen notwendig erschienen. Manche Gedichte vertonten beide, Fanny Mendelssohn-Hensel und Felix Mendelssohn Bartholdy, so zum Beispiel «Suleika» von Goethe, das sie gleich zweimal vertonte, am 5. Mai 1825 und am 4. Dezember 1836. Felix Mendelssohns Lied erschien als op. 34 Nr. 4 im Jahr 1835, eine musikalische Auseinandersetzung, die nicht an die Öffentlichkeit gelangte. Später zog er sich aus dem Genre zurück.

Immer wieder wählte Fanny Mendelssohn-Hensel das Motiv der Sehnsucht, um ein Gedicht in Musik zu setzen. Sehn-

sucht war eines der für die Romantik charakteristischen Gefühle, Fanny Mendelssohn-Hensel teilte diese Empfindung als
Ausdruck des Wunsches, sich von der alltäglichen Lebensrea-
lität zu befreien. An den Vertonungen von Gedichten mit dem
Motiv der Sehnsucht lässt sich ihre kompositorische Entwicklung aufzeigen.

In Erwartung der lang ersehnten Italienreise (1839/40)
und in Erinnerung daran komponierte sie eine Reihe von Liedern, die jene Empfindungen widerspiegeln. Das Lied *Sehnsucht nach Italien* schrieb Fanny Mendelssohn am 7. August
1822 auf der Reise der Familie Mendelssohn in die Schweiz, der
Reise, die sie bereits jenes *herrliche* Italien erahnen ließ. Im
Zusammenhang mit ihrer eigenen Italienreise 1839 steht das
Lied *Sehnsucht*, komponiert am 2. Februar 1839. *Auf dem See*
(11. August 1841), *Traurige Wege* (1844) und *Liebe in der Fremde*
(6. Januar 1844) entstanden wesentlich später. Zwischen den
beiden Liedkompositionen zum Sehnsuchtsmotiv liegen siebzehn Jahre (1822 und 1839), in denen sich die kompositorischen Fähigkeiten Fanny Mendelssohn-Hensels immer weiter
entwickelten. Bleibt die Komposition *Sehnsucht nach Italien*
harmonisch verhältnismäßig einfach, die Akkorde kreisen wesentlich um die G-Dur-Kadenz, so zeigt das spätere Lied *Sehnsucht* eine entwickelte modulatorische Akkordphantasie. Die
Melodik evoziert gleich zu Beginn das Gefühl des Aufbruchs, ja
sogar der Abwesenheit von Freude und Glück, denn wie sonst
wäre der Tonsprung von a nach dis abwärts zu erklären? Der
Text dieser Takte – «Da möcht hinüber, da möcht ich wohl
hin» – verdeutlicht auch durch seine minimal veränderte
Wiederholung den Ausdruck der Sehnsucht ins Weite. Im letzten Abschnitt der Komposition bei den Worten «Die scheiden-
de Sonne vergoldet die Höhn; […] da bin ich beglückt», wird
das Strophenlied zu einem variierten Strophenlied erweitert,
und in der Durchdringung des Wortsinns durch rhythmische
Veränderungen und chromatische Bewegungen zeigt sich die
Gestaltungsphantasie der Komponistin.

Die Meisterschaft Fanny Mendelssohn-Hensels wird an
der Vertonung des Gedichtes «Nachtwanderer» von Joseph

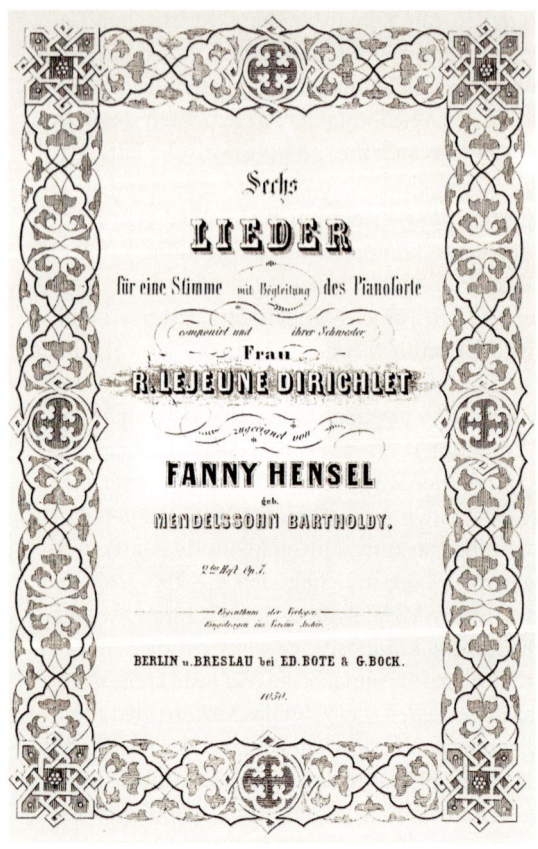

Sechs Lieder für eine Stimme mit Begleitung des Pianoforte, 2. Heft opus 7. Titelblatt. Erschienen 1848 bei Bote und Bock

von Eichendorff deutlich. Es erschien erst 1848 in der Sammlung opus 7 bei Bote und Bock. Fanny Mendelssohn-Hensel hat dieses Lied für die Berliner Altistin Auguste Löwe geschrieben, vielleicht als Dank, da sie häufig an den «Sonntagsmusiken» teilnahm und dieses Lied offensichtlich auch in einem anderen Kreis vortragen wollte.

Das Gedicht Eichendorffs ist dem damaligen «Gefühlskult» verpflichtet; Träume und Sehnsüchte, aus der Realität zu fliehen, werden in diesem Gedicht in wenigen Zeilen sinnfällig:

Ich wandre durch die stille Nacht,
da schleicht der Mond so heimlich sacht
oft aus der Wolkenhülle.
Und hin und her im Thal
erwacht die Nachtigall
dann wieder Alles grau, Alles grau und stille.

O wunderbarer Nachtgesang,
von fern im Land der Ströme Gang
leis Schauern in den dunklen Bäumen,
irrst die Gedanken mir,
mein wirres Singen hier,
ist wie ein Rufen nur aus Träumen.

Nacht und Natur sind Schlüsselwörter jener Zeit; die «stille Nacht» ist das Gegenbild des lauten Tags mit all seinen Geschäften. In der mondbeschienenen Natur, in die hinein der Gesang der Nachtigall erwacht, im leisen Rauschen der Ströme und der Bäume verschiebt sich die Grenze zwischen Bewusstsein und Traum, Natur und Kunst. Das «wirre Singen hier» ist nur Ausdruck tiefen Träumens von einer besseren, heilen Welt, in der Denken, Poesie und Natur wieder eins sind.

Die Komposition Fanny Mendelssohn-Hensels ist ein durchkomponiertes Lied mit dem Ansatz eines Strophenlieds; der $9/8$-Takt wird besonders hervorgehoben durch die fast das gesamte Lied durchziehende Achtelbewegung in der Klavierbegleitung. Die Melodie, die diesem «Wandern durch die Stille» zugeordnet ist, bewegt sich langsam in Sekundenschritten aufwärts, dynamisch im Piano und in F-Dur, das die Grundtonart des Liedes bildet. In d-moll taucht der Mond «aus der Wolkenhülle» auf, dessen Motiv der Klavierbass mitspielt, die Melodie somit «einhüllt» und damit den Eindruck der Dunkelheit verstärkt. Die vorausdeutende Bewegung in der Klavierbegleitung ist eine Sequenz der Melodie selbst, die Veränderung wird dadurch umso überraschender. Weiträumig angelegte Modulationen führen im Verlauf des Liedes durch unterschiedliche harmonische Klangräume. Die zweite Strophe beginnt mit der Melodie der ersten Takte, allerdings nur in der Klavierbegleitung, in Takt neunzehn erscheint die Melodie aus dem Takt fünf des Anfangs, auch hier wird im weiteren Verlauf die verdunkelnde Unisonobewegung im Bass zusammen mit der Singstimme aufgenommen. Die Veränderung der Stimmung, das Abgleiten in Verwirrung und «irre Gedanken» wird besonders durch das einsetzende Tremolo im Forte erreicht. Die Bewegung in der Aussage des Textes «von fern im Land der Ströme Gang» wird auch bei dem Taktwechsel zu $^6/_8$, der die Akzente verändert, beibehalten. Die umherirrenden Gedanken erfahren kurze melodische Figuren, die durch Pausen voneinander abgetrennt werden. Das «wirre Singen», das kontrastiert mit dem wunderbaren Gesang der Nachtigall, ist unstet, wird dreimal in die Tremolobewegung hineingesungen, wobei Fanny Mendelssohn-Hensel unterschiedliche Spannungsakkorde verwendet. Die melodisch-harmonische Bewegung endet auf dem C-Dur-Septakkord, der Dominante zu F-Dur, aus den irren Gedanken kehrt das lyrische Ich endgültig zurück in das Bewusstsein, dass das eigene Singen «hier» nur ein «Rufen aus Träumen» ist.

Nicht die klare Verdrängung des Träumens durch einen Dominant-Tonikaschluss des Nachspiels beendet das Lied, sondern die unklare Endung der Subdominant-Tonikawendung, die ein Nachklingen jenen Träumens auslösen will.

Lyrik und Musik bilden auch in diesem Lied eine Einheit. Die Komponistin weckt das klingende Bild der «stillen Nacht», das Erwachen des Nachtigallengesangs und der Verwirrung und Sehnsucht des lyrischen Ichs durch die differenzierte, auf den Gehalt des Textes bezogene Musikalisierung. Die Besonderheit ihrer harmonischen Klangphantasie unterstreicht einmal mehr ihr Einfühlungsvermögen in die zeitgenössische Lyrik, ihren Empfindungsreichtum und ihre schöpferisch-gestaltende Fähigkeit, die sie in eine Reihe mit Schubert und Schumann stellt. Schon 1830 stellte der Edinburgher Musiker John Thomson in «The Harmonicon» fest: «Ihre Lieder zeichnen sich durch Zartheit, Wärme und Originalität aus; einige, die ich hörte, waren außergewöhnlich.»[135]

## NACHTWANDERER.

Eichendorff. — Fanny Hensel Op.7.

### WELTLICHE A-CAPELLA-CHÖRE

Bei schönem Wetter fanden sich die Familien Mendelssohn
und Hensel im Garten der Leipziger Straße 3 zur geselligen
Unterhaltung ein. Dazu gehörte es auch, miteinander zu singen. Zu diesem Zweck komponierte Fanny Mendelssohn-Hensel in der Zeit vom 2. Februar bis zum 3. September des Jahres

1846 siebzehn A-capella-Chöre, von denen sie sechs unter dem Titel *Gartenlieder* als op. 3 ein Jahr später bei Bote und Bock herausgab.

Die Texte, die Fanny Mendelssohn-Hensel hier vertonte, stammen wie die ihrer Sololieder von Wilhelm Hensel und bekannten zeitgenössischen Dichtern. Die Lieder *Im Wald* und *Morgendämmerung* (Emanuel Geibel), *Lockung* und *Abendlich* (Joseph von Eichendorff), *Sei gegrüßt* (Ludwig Uhland), *Waldeinsamkeit, Morgengruß* und *Schweigend zieht die Nacht* (Wilhelm Hensel) und *Wer will mir wehren zu singen* (Goethe) greifen Naturerlebnisse auf; sie in der freien, allerdings gärtnerisch domestizierten Natur zu singen, bot sich thematisch an.

Die überwiegend homophon gesetzten Lieder lassen sich durchaus als volkstümlich bezeichnen, ohne jedoch simpel zu sein. Dynamische Abstufungen und Gegensätze, große Tonschritte in der Sopranstimme, Taktwechsel wie Tempowechsel, die zu Ausdrucksveränderungen führen, sind Mittel in dem Lied *Im Wald* nach Emanuel Geibel. Eine Melodie, die gleich zu Beginn den Umfang von einer None durchschreitet, verlangt auch von den eher ungeübten Laiensängern einen bewussten Umgang mit der Stimme, eine Anforderung, die offensichtlich bewältigt wurde.

Der homophone Satz, rhythmisch in allen Stimmen gleich, drückt Fröhlichkeit aus: «Wie mir zu Mut in Leid und Lust, im Wachen und im Träumen, das stimm' ich an aus voller Brust den Bäumen», und dort, wo der Text vom Verständnis der Bäume für die persönlichen Gefühle spricht, wo er die Blätter personifiziert, die «lauschen» und am «rechten Ort einfallen mit Rauschen», dort wandelt sich der $^4/_4$-Takt zum $^6/_8$-Takt, die Blätter scheinen zu tanzen. Mit der dritten Strophe kehrt die musikalische Thematik der ersten Strophe zurück, sie wird jedoch – wie in einer Coda – durch die Ausweitung der Tonhöhe und die Intensivierung der harmonischen Fortschreitungen gesteigert.

Der Wald ist auch das Thema des Liedes *Abendlich* nach Joseph von Eichendorff. Hier rauscht der Wald «aus tiefen Gründen», Eichendorff bezieht sich in seiner Anrede «droben wird der Herr nun bald an die Sterne zünden» auf Gott, er gibt seinem religiösen Gefühl Raum, er spricht von Ruhe, von Zu-Hause-Sein: «[…] wie so stille in den Schlünden abendlich nur rauscht der Wald aus den tiefen Gründen. Alles geht zu seiner Ruh, wie die Welt verbrause, schaurend hört der Wandrer zu, sehnt sich tief nach Hause, hier in Waldes grüner Klause, Herz, geh endlich auch zur Ruh!» Fanny Mendelssohn-Hensel zeichnet dieses Bild des Zwischenreichs von unsicherer und bedrohlicher Welt, der Stille des Waldes, die letztlich von Gott «bewacht» wird, und der Ruhe, die Zuhause und Heimat bedeuten, durch eine sich verändernde Melodik und ihre homophone, modulierende Harmonisierung. Die ersten vier Takte des Liedes werden verwandelt wieder aufgenommen, der Sopran erhält die Führung, indem er mit der Melodik wieder leicht variiert, fortfährt ohne die Begleitung der anderen Stimmen, die erst einen Takt später den jeweiligen Textabschnitt wiederholen. Nochmals werden die Melodie und ihre Begleitung quasi zitiert bei den Worten «abendlich nur rauscht der Wald»; erst bei «Alles geht zu seiner Ruh» wird die harmonische Gestalt verändert und zwar innerhalb von zwei Takten, in denen eine Crescendo-Bewegung auf- und durch ein Decrescendo wieder abgebaut wird. Die Sehnsucht des «erschauernden Wanderers» richtet sich auf sein Ziel, das Ankommen in seinem Zuhause, aber er ist noch unterwegs, ihn bedrohen noch die Mächte des Zwischenreichs. Das Wort «Zuhause» wird durch die zeitliche Verlängerung der Fermate und die Tonart E-Dur als dominantischem Spannungsakkord zu A-Dur besonders hervorgehoben. Eine imitatorische Bewegung findet sich in den folgenden Takten, wobei das Wort «Hause» nochmals aufgenommen und mit zwei Fermaten über dem verminderten Akkord über dem Ton gis betont wird. In dieser Verdoppelung des Textes unterstützt Fanny Mendelssohn-Hensel die Aussage des Gedichts auch in der Weise, dass hier mit dieser Sehnsucht, die der Wanderer «schauernd» empfindet, nicht nur das eigene Heim, der Ort der menschlichen Geborgenheit gemeint sein kann, sondern auch die Stille des Todes, der Heimat, und, so ist es immer wieder bei Eichendorff zu finden, der Heimat in Gott. In der Betrachtung dieser Sehnsucht spricht sich das lyrische Ich selbst an: «Herz, geh' endlich auch zur Ruh!», eine Anrede, die die Komponistin durch die Wiederholung der Anfangsmelodie im Sopran erklingen lässt, jedoch mit einer erweiternden Modulation nach a-moll, wobei die Begleitstimmen Alt, Tenor und Bass nach einer Pause erst wieder kurz vor dem Schluss des Liedes mit der Dominante E-Dur zu a-moll einsetzen. So will sie vielleicht eine gewisse Einsamkeit des lyrischen Ichs ausdrücken.

Fanny Mendelssohn-Hensel schrieb die *Gartenlieder* bewusst für das gesellige Singen, auch Felix Mendelssohn hatte einige komponiert, über deren «richtige» Form die Geschwister eine Auseinandersetzung führten. Die Lieder wurden nach ihrer Veröffentlichung im kleineren Kreis von Laien gesungen, fanden aber auch Freunde bei den zu dieser Zeit überall entstehenden Chören. Sie waren Ausdruck eines auch national sich entwickelnden Selbstbewusstseins und musikalisches Bild der «deutschen Landschaft», des Waldes, wie er auch in Carl Maria von Webers «Freischütz» besungen wurde. Die romantische Naturdichtung fand, auch durch die Chor-Kompositionen von Felix Mendelssohn und Franz Schubert, weite Verbreitung und wurde zu populärem Allgemeingut.

### KLAVIERWERKE

Einen bedeutsamen Teil im Schaffen Fanny Mendelssohn-Hensels bilden Klavierwerke: einzelne Sonatensätze, Übungsstücke, mehrsätzige Sonaten, einzelne Charakterstücke mit konkreten Bezeichnungen und «Lieder ohne Worte».

Vor allem in den zwanziger Jahren setzte sich die Komponistin mit der klassischen Sonatenform auseinander. Den *Sonatensatz in E-Dur* schrieb sie zum Beispiel zwischen dem 29. Januar und dem 19. Februar 1822 im Alter von sechzehn Jahren. Bei diesem Sonatensatz handelt es sich um ein einsätziges Stück, sicherlich eine Kompositionsstudie im Auftrag Zelters. Bereits hier wird die modulatorische, fast improvisatorisch bestimmte Phantasie der Komponistin deutlich. Aus dem Anfangsmotiv des übermäßigen Dreiklangs entwickeln sich

Tonfolgen über harmonisch sich ständig wandelnden Tonräumen; die Komponistin wandert – wie experimentell – durch entlegene Tonarten und spielt mit der vorgegebenen Form. Die Verknüpfungen, melodisch-rhythmischen Überleitungen und die motivisch-thematische Arbeit im Durchführungsteil wie die improvisatorisch-virtuose Überleitung zur Reprise zeigen eine lernbegierige Kompositionsschülerin, die sich intensiv mit der Form der Sonate und ihren individuellen Gestaltungsspielräumen beschäftigt.

Die *Sonate c-moll* besteht im Gegensatz zu dem *Sonatensatz in E-Dur* aus drei Sätzen, die Komposition ist mit dem *3ten Juli 1824* datiert, entstand also nur zwei Jahre später, auch sie kann noch als kompositorische Orientierungssuche verstanden werden. Die drei Sätze folgen dem Temposchema schnell-langsam-schnell. Der erste Satz, «Allegro moderato e con espressione», reflektiert die Sonatensatzform. Das erste Thema ist liedhaft und erscheint immer wieder melodisch und rhythmisch verändert, das zweite Thema steht in der parallelen Durtonart Es-Dur, jedoch durch die Akzentuierung der Melodie ein wenig verschleiert. Damit ergibt sich eine stärkere Spannung zwischen den beiden Themen. Das «Andante con moto» ist, wie erwartet, liedhaft und einfach, jedoch mit einer Begleitung jener liedhaften Melodik, die fast experimentell anmutet. Außerordentlich rasant und virtuos ist das Finale. Hier spielt die Komponistin mit überraschenden kreisenden Triolenbewegungen, bis sie in mehreren klangvollen Reibungsakkorden wieder zur Grundtonart c-moll gelangt.

Die *Klaviersonate in f-moll* aus dem Jahr 1843 folgt der Tradition der Viersätzigkeit wie auch der Idee der kontrastierenden Themen im ersten Satz. In einer umfassenden Analyse dieser Sonate weist Annette Nubbemeyer die «Idee des inneren Zusammenhangs zwischen den Zyklussätzen und eine ausgefeilte melodische Variantentechnik» nach.[136] *Für Felix – In seiner Abwesenheit* schreibt Fanny Mendelssohn-Hensel an den Schluss der Sonate, vielleicht eine versteckte – auch musikalische – Botschaft an den zu dieser Zeit im Kurort Doberan weilenden Bruder?

Lieder für das Pianoforte, opus 2. Titelblatt. Erschienen bei Bote und Bock 1846

Wenn Fanny Mendelssohn-Hensel später in einem Brief an den Bruder Felix ihre fehlende Kraft bei der Komposition von Sonatensätzen beklagt und dies in Beziehung zu ihrer *biedermeierlichen* Lebensweise setzt, so hat sie sich dennoch wieder und wieder mit dieser anspruchsvollen Form beschäftigt und nach einer individuellen Prägung gesucht. Hörer und Musikwissenschaftler beeindruckt dabei der Reichtum in der ständigen Wandlung melodisch-harmonischer Ideen. So auch Diether de la Motte: «Ein bleibendes Fanny-Merkmal ist ihre (wie sagt man so schön: männliche) Kraft der ständigen Verwandlung und Neubelichtung, der weiten modulatorischen (melodisch wie harmonisch) Wanderungen, die am Ende selten bieder im Wohnzimmer, meist nur in geahnter Heimatnähe ausklingen.»[137] Den überaus größten Teil der Klavierkompositionen Fanny Mendelssohn-Hensels bilden die «Charakterstücke». Das «kleine Klavierstück» und die dazu notwendige Form erfand man neu, lehnte sich dabei aber an die kurze Liedform an. Daher war das «Charakterstück» eine Alternative zur bisher üblichen Sonatenform mit ihren festgelegten Strukturen. Schubert nannte seine kurzen Klavierwerke «Moments musicaux», Schumann fasste sie unter den Titel «Album für die Jugend», «Kinderszenen» oder «Papillons» zusammen. Fanny Mendelssohn-Hensel und Felix Mendelssohn nannten ihre «kleinen Klavierstücke» «Lieder ohne Worte». Da beide durch den Austausch von Ideen sehr verbunden waren, ist nicht ganz klar, ob nun Bruder oder Schwester die Idee zu dem Titel gehabt hat.

Felix Mendelssohns Geburtstagsgeschenk für die Schwester 1828 ist seine erste ausdrücklich als «Lied» bezeichnete Komposition. Sie berichtet Carl Klingemann: *Felix hat mir dreierlei gegeben, ein Stück in mein Stammbuch, ein «Lied ohne Worte», wie er in neuerer Zeit einige sehr schön gemacht hat, ein anderes Klavierstück [...].*[138] So ist es durchaus denkbar, dass sie diesen Ausdruck prägte. Die *Lieder ohne Worte* op. 8 entstanden nach der Italienreise 1840. Das erste Lied, ein «Allegro moderato», steht in der Grundtonart h-moll. Durch eine kaum unterbrochene Triolen-Sechzehntelbewegung im $^6/_8$-Takt entsteht der Eindruck des Fließens. Die gesamte formale Anlage besteht aus fünf unterschiedlich langen Abschnitten, die durch die ständigen Veränderungen der Tonarten und ihren motivischen Verknüpfungen zunehmend intensiviert werden. Die Melodie dieses *Liedes* scheint über dieser fließenden Rhythmik zu schweben und erfüllt die Kriterien eines Volksliedes durch die kleinen Intervallschritte wie Sekunden, Terzen und Quarten. Der erste Abschnitt des Stückes, und dies widerspricht der Idee des Volksliedhaften, wird zudem bestimmt von einer starken Modulation, die vier Takte umfasst und dann durch die Forte-Akzentuierung zu einem Höhepunkt gelangt. Im Verlauf des Stückes verändert Fanny Mendelssohn-Hensel wiederum ständig die Tonarten. Durch die motivisch-harmonische Verdichtung des Ausgangsgedankens wird eine zunehmende Intensivierung erreicht, die zudem durch kontrastierende kürzere Zwischenteile verstärkt wird.

Auch das zweite Stück der Sammlung op. 8 mit der Tempobezeichnung «Andante con espressione» überrascht durch seine vielfältigen harmonischen Wendungen. Mit dem zentralen Motiv moduliert die Komponistin durch verschiedene Tonarten, von a-moll über d-moll und den verminderten Septakkord fis-a-c-es zu C-Dur und erzeugt so eine intensive Spannung. Zusammen mit der repetitiven ostinaten Synkopenbewegung im Bass, die aus dem 4. Thementakt stammt, lässt die Komponistin die Motive in verschiedenen Abwandlungen erscheinen, ein kreisender musikalischer Gedanke. Es entsteht eine verhalten traurige, ja melancholische Stimmung. In allen vier *Liedern ohne Worte* aus op. 8 zeigt sich eine intensive Auseinandersetzung mit der Idee des «Charakterstücks». Die Kompositionen enthalten modulatorische Überraschungen, demonstrieren ein klares Formbewusstsein und fast eine motivisch-thematische Arbeit, sozusagen als Reminiszenz an die klassische Kompositionsidee, wie sie aus der Sonatenform Beethovens bekannt ist. Die typisch romantischen Klangbilder sind eine Facette im Zusammenhang mit den Charakterstücken anderer Komponisten und Komponistinnen der ersten Hälfte des 19. Jahrhunderts.

Das *Notturno g-moll* für Klavier komponierte Fanny Mendelssohn-Hensel am 15. Oktober 1838 und *Abschied von Rom* wohl 1840; beide wurden erst 1986 von Fanny Kistner-Hensel in der Sammlung «Ausgewählte Klavierwerke» im Henle Verlag, München, herausgegeben. Rudolf Elvers bemerkt in seinem Vorwort zur Erstausgabe, dass die Komponistin sicher noch Änderungen vor der endgültigen Drucklegung vorgenommen hätte, schließlich seien in anderen Manuskripten vor dem Druck vorgenommene Veränderungen erkennbar. Auch hier hätte sie sicher einige Wendungen modifiziert. Elvers meint, die Komponistin habe im *Notturno g-moll* und im *Abschied von Rom* einen «eigenen unverwechselbaren Klavierstil»[139] erreicht.

«Notturno», «Nachtstück», ist die Bezeichnung für eine Stimmung, der eher eine gewisse Nachdenklichkeit oder Traurigkeit eignet. Eine im $^6/_8$-Takt notierte Sechzehntelbewegung bestimmt daher den Fluss des Stücks, dessen Tempo mit «Andantino», also langsam, aber nicht zu langsam, angegeben wird. Über dieser durchlaufenden Bewegung, die an Arpeggien erinnert, erscheint eine Melodie, die äußerst gesanglich ist.

Im Verlauf dieses Stücks werden immer wieder zwei Figuren gegeneinander gesetzt, die Achtelbewegung in der Oberstimme zu den Sechzehntelarpeggien im Bass:

Im Wechsel der linken und der rechten Hand erschließen sie einen weit gespannten Klangraum: Von D zu d'''; G zu e'' oder C zu e''. Damit umfasst der Ambitus des Stücks den gesamten Klangraum des Klaviers. Im Verlauf des Stücks spinnt die Komponistin die genannten Gegenüberstellungen oder Vertauschungen der Motive in einer ständigen, gleichmäßigen Sechzehntelbewegung fort. Der Mittelteil wird durch eine Reihe überraschender harmonischer Wendungen erreicht. Das folgende aus dem Thema abgeleitete Motiv bestimmt den weiteren Verlauf des Stücks:

Er mündet in die Variante des ersten Teils. Das Thema wird zwar wieder aufgenommen, doch in der Folge vielfach harmonisch und rhythmisch verändert, ohne jedoch die Grundbewegung aufzugeben. Das Stück endet im Pianissimo mit einem einkomponierten Rallentando. Dieses Nachtstück ist voller Bewegung und Unruhe, ist nachdenklich und sehnsuchtsvoll zugleich. Eine vielfältig deutbare Stimmung wird hörbar; vielleicht liegt der Reiz des Stücks gerade darin, dass jeder Hörer oder jede Hörerin eigene Stimmungen hineindenken kann.

Beide Klavierstücke, das *Notturno* wie das bereits geschilderte Stück *Abschied von Rom*, zeigen eine große harmonische Variationsbreite, rhythmische Flexibilität und melodischen Einfallsreichtum. Fanny Mendelssohn-Hensel sucht ihre Einfälle miteinander zu verbinden, zu überlagern, weiterzuspinnen oder auch zu kontrastieren, wobei sie immer eine in sich geschlossene formale Anlage der Stücke erreicht. Ihre Stimmungsbilder sind Ausdruck ihrer Empfindungen, hier der Besinnung im Nachtstück und der Trauer um die Trennung von einer glücklichen Zeit. Auch *Saltarello romano* und das noch nicht veröffentlichte *Notturno napolitano* (in Privatbesitz) sind Beispiele ihrer musikalischen Erinnerungen an Italien und Verarbeitungen ihrer Erlebnisse.

Als eines der bedeutendsten Werke der Komponistin darf der Klavierzyklus *Das Jahr* gelten, den sie 1841 schrieb. Der Zyklus enthält zwölf Charakterstücke über die Monate des Jahres, *die Impressionen aus dem Jahreskreis* enthalten und ein geschlossenes Ganzes darstellen. Das Stück *Januar* ist mit dem Datum *den 11. Dezember 1841* versehen, der *Februar* bereits mit *28. August 1841*, der *März* und *Juli* stammen aus dem November 1841, der *April* vom 7. Oktober 1841, der *Mai* und der *Juni* aus dem Oktober 1841; zum *August* liegt keine Datierung vor; die Monate *Oktober, November* und *Dezember* entstanden zwischen dem 1. und dem 16. Dezember 1841. Fanny Mendelssohn-Hensel komponierte die Stücke also nicht parallel zum Jahreszyklus im betreffenden Monat, sondern überwiegend aus der Erinnerung. Die Rückschau findet nach der Italienreise statt. Dem

Fanny Mendelssohn-Hensel: Das Jahr, hier: Januar.
Zwölf Charakterstücke für das Fortepiano, 1841. Autograph
mit einer Zeichnung von Wilhelm Hensel

*Januar* fügt sie den Titel *Ein Traum* hinzu, eine Charakterisierung, die von der Zeichnung Wilhelm Hensels auf der ersten
Seite des Autographs aufgenommen wird. Dieser *Traum* ist der
komponierte Wunsch Fanny Mendelssohn-Hensels, Italien
kennen zu lernen. Aus der Erinnerung an diese beglückende
Zeit, die im Traum immer wiederkehrt, entwickelt sich das

Stück. Die Ausgangsidee des *Januar*, ein langsam absteigendes Motiv, hält mit ihren vielfältigen Varianten in den anderen Monatsstücken den Zyklus zusammen.[140] Bei aller Unterschiedlichkeit der Stimmungen dieses «Nach-Traums» bleibt der Zusammenhang auch durch die Tonarten und ihre Übergänge von einem zum anderen Monat gewahrt. Bei der musikalischen Gestaltung der einzelnen Monate orientierte sich Fanny Mendelssohn-Hensel an der Natur, der Lebensweise und den Festen, die in diesen Monaten gefeiert werden und an deren symbolischem Ausdruck. Zu den Überschriften setzte sie wie neben dem *Januar* auch bei weiteren Monaten noch eine Charakterisierung hinzu, die auf die Intention der Komponistin verweist oder die bestimmte Assoziationsräume beim Hören aufschließt. So ist der *Februar* auch mit *Scherzo* überschrieben, also die tänzerisch spritzige Ableitung aus dem Sinfoniesatz «Menuett»; der *April* mit *Capriccioso*, mit der Bedeutung «wechselhaft» und «unberechenbar», im *Mai* wird das *Frühlingslied* gesungen, im *Juni* und *Juli* erklingt die *Serenade*, sicher erlebt in den Gärten und auf den Plätzen Italiens, und im *September* wird die Landschaft *Am Flusse* assoziiert. Die Bezüge zu den besonderen Festen im März und Dezember, dem Oster- und dem Weihnachtsfest werden durch eindeutige Liedzitate im Stück hergestellt, im *März* erklingt der Choral «Christ ist erstanden» und im *Dezember* das Lied «Vom Himmel hoch, da komm ich her». Dabei bleibt es jedoch nicht bei Zitaten, die Choräle erfahren vielfache Variationen im Stück. Ein besonders einprägsames Beispiel dafür ist der Choralsatz «Das alte Jahr vergangen ist», den die Komponistin dem *Dezember* nachstellte: Er verweist bewusst auf die protestantische Tradition des reflektierenden Chorals und seine Verwendung bei Johann Sebastian Bach und aktualisiert ihn durch ihre individuelle Durchdringung.

Die Fülle der musikalischen Mittel, die die Komponistin in ihrem Zyklus *Das Jahr* einsetzt, lässt sich hier nicht adäquat darstellen. Allen Stücken ist jedoch die Intention Fanny Mendelssohn-Hensels gemeinsam, ihren Erinnerungen konkrete, programmatisch motivierte Gestalt zu geben.

Tänzerisch und schnell, unbeherrscht und manchmal doch verhalten ist der *Februar* – Erinnerung an Venedig und den Karneval; bedeutsam durch die Varianten des Choralzitats der *März*, virtuos und wechselhaft in Tonalität und Rhythmik der *April*, kapriziös eben, unberechenbar; fröhlich und heiter sind der *Juni* und *Juli*, ein Lob der Freiheit, in der Natur zu leben. Die *Serenaden* im Garten werden durch liedhafte Melodik und einfache rhythmische Muster symbolisiert. Der *September* enthält das musikalische Bild des Fließens. Immer wieder erscheinen die Ausgangsmotive, sie werden jedoch wie die Wellen des Flusses verwandelt, harmonisch in neue Beziehungen gesetzt und rhythmisch verändert. So wird die absteigende Linie der ersten Takte des *Januar* in vielfältigen Transformationen in den verschiedenen Monaten erkennbar.

Die Varianten des Ausgangsgedankens lassen sich möglicherweise auf ihre Musizierpraxis zurückführen, die auch die Freiheit des Improvisierens einschloss. In den einzelnen Monaten des Zyklus entsteht ein Netz von Veränderungen des ersten, im *Januar* formulierten musikalischen Gedankens. Dieser ist melancholisch; und letztlich durchzieht diese Gestimmtheit alle Monate des Zyklus, selbst jene, die aufgrund ihres jahreszeitlichen Charakters größere Fröhlichkeit erwarten lassen. Die Wahl des Chorals «Das alte Jahr vergangen ist» als Nachspiel mag auch als Trost in der Trauer über die vergangene, lichterfüllte Zeit zu deuten sein.

In der zweiten Hälfte des Jahres 1841 war die Italienreise der Familie Hensel bereits ein Jahr vorbei. Fanny Mendelssohn-Hensel hat jedoch die freie kompositorische Phantasie als Ausdruck dieser Freiheit in Italien nach Hause mitgebracht. An den Kompositionen der Zeit danach wird dies ablesbar. Neben den *Liedern ohne Worte*, den verschiedenen Charakterstücken und dem Zyklus *Das Jahr* schrieb die Komponistin eine Reihe von Bagatellen und Übungsstücken, zum Teil für das Musikinstitut, das Fanny Schindelmeisser in Berlin gegründet hatte.

## KAMMERMUSIK

Neben einer Vielzahl von Liedern und Klavierstücken komponierte Fanny Mendelssohn-Hensel einige Werke für kammermusikalische Besetzungen, darunter das *Klavierquartett As-Dur* im Jahre 1822, das *Streichquartett Es-Dur* 1834 und das *Klaviertrio d-moll*, das am 11. April 1847 bei einer «Sonntagsmusik» zum ersten Mal aufgeführt wurde.

Die Zeitspanne, in der diese drei Werke entstanden, umfasst die Entwicklung der jugendlichen zur reifen Komponistin. So sind diese Werke Meilensteine auf dem Weg zur Meisterschaft, die sie im *Klaviertrio d-moll* erreicht hat.

Das *Klavierquartett As-Dur* komponierte Fanny Mendelssohn-Hensel mit siebzehn Jahren; sie begann den ersten Satz am 1. Mai 1822 und schloss die Komposition im November 1822 ab; erst am 6. März 1988 fand die Uraufführung im Gasteig in München mit dem Fanny-Mendelssohn-Quartett statt. Die Komponistin hat ihr Jugendwerk nicht aufführen lassen – offenbar in kritischer Einschätzung dieser Komposition, die sie selbst noch nicht für fertig hielt. Als sie später begann, ihre Kompositionen zu veröffentlichen, erschien es ihr wohl wichtiger, das reife *Klaviertrio d-moll* op. 11 herauszugeben, als sich mit einem lange zurückliegenden Werk nochmals zu beschäftigen, um Korrekturen oder weiter gehende Veränderungen anzubringen. Dieses Klavierquartett ist daher als ein Kompositionsversuch in einer Gattung zu betrachten, in der nur wenige Vorbilder existierten. Der gemeinsame Kompositionsunterricht der Geschwister stimulierte somit auch eine gleichzeitige Suche nach einer individuellen Ausprägung der Gattung Klavierquartett. Felix Mendelssohn komponierte seine Quartette in den Jahren 1822, 1823 und 1824. Sie wurden unmittelbar nach ihrer Fertigstellung gedruckt. Fanny Mendelssohn-Hensel bereitete hingegen ihr Quartett nicht einmal für eine private Aufführung vor, es liegen keine Einzelstimmen vor, und daher gibt es keine von ihr autorisierte Endfassung.[141] Der Ansporn, den Felix Mendelssohn zu dieser Zeit durch Goethe erhielt, führte bei seiner Schwester wohl zu einer gewissen Ernüchterung. Sie nahm sich und ihre Komposition zurück.

Glaubte sie, sie könne ihr Klavierquartett nicht adäquat zu Ende führen, fühlte sie sich ihrem Bruder so sehr unterlegen?

Das *Klavierquartett As-Dur* hat drei Sätze: «Allegro moderato», «Larghetto» und «Tempo di Minuetto-Presto». Der erste Satz des Quartetts, in der Form des Sonatensatzes, beginnt mit einem markanten Thema im Forte, das von allen Instrumenten gespielt wird. Gleich nach diesem Einsatz aller erhält das Klavier eine Solo-Rolle durch Dreiklangbrechungen mit einer Modulation nach g-moll. Nach einer Klavierüberleitung durch kurze Notenwerte erklingt ein neues Thema, das getragen wird von den Streichinstrumenten. Dieses melodische Thema steht im Kontrast zum markanten rhythmischen ersten Thema, was dem dualistischen Prinzip des Sonatensatzes entspricht. Immer wieder überlässt die Komponistin dem Klavier den Solopart: Sie selbst war ja eine ausgezeichnete Pianistin, und das Klavier lag ihr offenkundig näher als die Streichinstrumente. Mit dem Einsatz des ersten Themas in der parallelen Molltonart zu As-Dur, f-moll, beginnt ein ausgedehnter Modulationsteil, der die drei verschiedenen thematischen Ideen aufnimmt, abwechselnd erklingen lässt, sie verzahnt und durch unmittelbare Gegenüberstellung kontrastiert. Den Schluss bildet ein durchaus als virtuos zu bezeichnendes Klaviersolo mit «Begleitung» der Streicher. Fanny Mendelssohn-Hensel hat sich in diesem ersten Satz mit der Sonatenhauptsatzform auseinander gesetzt und ebenso mit der Dialogstruktur innerhalb eines Kammermusikensembles von vier Instrumenten. Dass sie dabei dem Klavier die Dominanz überließ, liegt, wie bereits erwähnt, an ihren eigenen pianistischen Fähigkeiten.

Der Aufbau des zweiten Satzes, «Larghetto», entspricht der Liedform ABA'. Im ersten Abschnitt wird die äußerst kantable Melodie von den Streichern gespielt, das Klavier erhält diesmal nur begleitende Funktion. Im Verlauf des Satzes überlässt die junge Komponistin jedoch wieder dem Klavier die Dominanz, es erhält ständig modulatorische und improvisatorisch anmutende Bewegungen, im letzten Teil dann dialogisierend mit den Streichern.

Das nachfolgende «Minuetto» ist filigran, überwiegend

im Piano komponiert; es erscheinen Streicher und Klavier im Wechsel. Dem tänzerisch konzipierten Abschnitt folgt das «Trio», welches ein Teil des traditionellen Tanzes des Menuetts ist. Dieser dritte Satz erfährt zuletzt eine Veränderung, die die typische Satzfolge negiert. Fanny Mendelssohn-Hensel führt das «Minuetto» nicht klar zu einem Schluss, es erscheint stattdessen ein neues Thema, das aus einem verminderten Dreiklang besteht, gespielt von der ersten Violine und begleitet von den anderen Instrumenten. Die nachfolgende Melodie in der hohen Lage des Klaviers ist in an- und abschwellende Akkordfolgen der Streicher eingebettet. Die Coda, der Schlussteil dieses dritten Satzes, beginnt in Takt 124 mit der Tempobezeichnung «Presto». Diese Bezeichnung ist allgemein dem letzten Satz einer viersätzigen Sonate, einem Kammermusikwerk oder einer Symphonie vorbehalten. Fanny Mendelssohn-Hensel fügt auf diese Weise den dritten und den vierten Satz zusammen, sei es, um das Stück fertig zu stellen, sei es, um bekannte Kompositionspfade zu verlassen. Hierüber liegen jedoch keine Notizen vor, die ihre Intention genauer erhellen könnten. Die virtuosen Klavierpassagen rasen in diesem äußerst kurzen «Presto» fast atemlos davon, Tonketten, parallele Tonfolgen und Arpeggien, die assoziativ an die Salonkultur anknüpfen, werden von markanten Streicherakkorden vermeintlich aufgehalten, Septakkordfolgen wechseln mit episodischen Läufen und kurzen, nicht weitergeführten melodischen Einschüben bis zum schnellen Ende dieses Stücks, das den vierten Satz sozusagen in die Coda des dritten integriert. Die ganze Komposition erscheint fragmentarisch, vielleicht war sie auch ein Experiment zur Veränderung der Satzfolgen. Später, im d-moll-Trio, stellt Fanny Mendelssohn-Hensel die Reihenfolge der langsamen und schnellen Sätze bewusst und gekonnt um.

Das *Streichquartett Es-Dur* entstand 1834 und hat die Sätze «Adagio ma non troppo», «Allegretto», «Romanze» und «Allegro molto vivace». Diese Satzfolge besteht zwar aus vier unterschiedlichen Sätzen, aber auch hier tauscht die Komponistin den ersten und zweiten Satz aus. Der erste Satz ist ein langsamer Satz, im Gegensatz zur traditionellen Aufteilung, wonach der erste Satz ein schnelles Tempo fordert. Der zweite Satz erhält nun die Bezeichnung «Allegretto», also «nicht zu schnell». Das Adagio ist ein langsamer Satz, notiert im $^4/_4$-Takt und mit den Vorzeichen der Grundtonart Es-Dur. Allerdings moduliert Fanny Mendelssohn-Hensel so stark zwischen Es-Dur und c-moll, der parallelen Molltonart, dass eine klar erkennbare Grundtonart nicht zu existieren scheint. Sie sandte das Quartett an den Bruder, der ihr in einer ausführlichen Antwort vom 30. Januar 1835 die umfassendste «Rezension» eines ihrer Werke zukommen ließ. Er bemängelt die starke Modulation, das ständige Schwanken zwischen den Tonarten und das somit nicht eingehaltene Formprinzip: «Um ein Beispiel zu geben, möchte ich nur eben die Themas und Schlüsse anführen, die sind eigentlich, bis auf das letzte Stück in gar keiner Tonart, und wenn mir das auch z. B. im ersten nothwendig erscheinen könnte, so wirds doch zuviel, und eine Manier, wenns in den andern auch so kommt.» [142] Er bittet sie im Verlauf des Briefes um Nachsicht, betont aber, dass er das Recht habe, wieder mehr Respekt vor der Form – gemeint ist die Sonatenform – als Prinzip einzufordern, als er dies früher getan habe.

Charakteristisch für den ersten Satz des Quartetts ist die gleich zu Beginn einsetzende dialogische Struktur mit ihrer weit ausholenden Melodie. Die zunehmende rhythmische Intensität wird aus der motivischen Arbeit mit dem zweiten Thema gewonnen. Der zweite Satz «Scherzo-Allegretto» besteht aus verschiedenen gegensätzlichen Motiv-Ideen und Tonartvorstellungen. Neben einer Modulation durch die Tonarten, die, ausgehend von c-moll, im weiteren Verlauf zu C-Dur führt und die den Klangcharakter dieses Teils inmitten des Stücks deutlich verändert, wird durch immer neue überraschende Tonartwechsel die motivisch-thematische Arbeit im Sinn eines Durchführungsteils der klassischen Sonatenform erkennbar. Die Formideen der Fuge und des Sonatensatzes werden in diesem Satz mit der romantisch fließenden Melodik verbunden; es scheint, als ob Fanny Mendelssohn-Hensel die polyphonen Strukturen der Musik Bachs mit jenen der motivisch-thematischen Arbeit klassischer Prägung zu verknüpfen suchte, letztlich jedoch keine der beiden formal korrekt erfüllt. Das war wohl auch nicht ihre Absicht, ihr geht es eher um die Verknüpfung beider Prinzipien.

Der dritte Satz, «Romanze», beginnt mit einer satten Akkordfolge, die «molto cantabile», also «sehr singend», aufzufassen ist, schließlich handelt es sich um eine Romanze, die weit schweifende Musik mit harmonischer Vielfalt verbindet. Fanny Mendelssohn-Hensel spielt mit dem eingangs formulierten musikalischen Gedanken, löst ihn auf, stellt neu zusammen, verändert die Intervallfolge, aber lässt die Achtelbewegung bestehen. Modulatorische Intensität erhält die Romanze durch die miteinander konkurrierenden Stimmen, die dadurch vielfältige Farbschichtungen hervorrufen. Das «Allegro vivace» bildet jenen schnellen, Spannung auslebenden Schlussteil in Es-Dur, den man von einem viersätzigen Werk erwartet, in einer Kombination aus Sonatensatz und Rondo. In allen Stimmen kreisen und laufen virtuose Sechzehntelbewegungen miteinander im Trio, Duett und Quartett, dann werden sie zu Begleitfiguren einer liedhaften Melodie. In rasantem Tempo und zunehmender rhythmischer Verzahnung in allen Stimmen führt die Bewegung zum Schluss.

Als eine der reifsten Kompositionen Fanny Mendelssohn-Hensels gilt das *Trio für Klavier, Violine und Violoncello d-moll*, das am 11. April 1847 anlässlich des Geburtstages der Schwester Rebecka im Familienkreis uraufgeführt wurde. Man kann davon ausgehen, dass sie die Komposition des Trios als Antwort auf das Klaviertrio c-moll, op. 66 von Felix Mendelssohn verstand, das im Februar 1846 bei Breitkopf und Härtel erschienen war.

Erst nach dem Tod der Komponistin gab die Familie dieses Trio heraus. Sie selbst bekannte, dass sie sehr *mit einem Trio beschäftigt* sei, das ihr *sehr zu schaffen* mache. Die Aufführung im Familienkreis habe *allgemein angesprochen*, wie aus ihrer Tagebucheintragung vom März 1847 hervorgeht. Auch ihrem Bruder hatte sie es vorgespielt, den sie *so davon eingenommen gefunden*, wie sie *es gar nicht erwartet hatte*.[143]

Die Anordnung der Sätze zeigt eine souveräne kompositorische Entscheidung. Sie verzichtet auf das «Scherzo», eine der Domänen Felix Mendelssohns, und ersetzt es durch ein «Lied», wodurch ihr Trio über die harmonisch-melodische Dichte hinaus ein ureigenes Dokument ihrer gereiften Ausdrucksfähigkeit wird.

Der erste Satz des Trios, «Allegro molto vivace», enthält unterschiedliche Passagen, die wesentlich durch Tonartwechsel und Kontraste gekennzeichnet sind. Verminderte Akkorde überwiegen, sie sind ein wesentlicher Bestandteil der sich ständig verändernden Klangfolge und des Spannungsverlaufs. Fanny Mendelssohn-Hensel hat sich auch hier der Grundform des Sonatensatzes bedient. Nach dem prägnanten Kopfthema im Takt 32 erscheint ein neues Thema in B-Dur, ein Motiv, dessen gewählte Tonart als die Subdominante der parallelen Dur-Tonart zu d-moll deutbar ist. Nach diesem zweiten Thema folgen kanonartige Abschnitte und kantable Violoncello- und Violin-Duette, die durch die Tremolo-Akkordbewegung im Klavier ungemein lebendig, aber auch bedrohlich unruhig erscheinen. Die Tonartwechsel im Verlauf des Stücks, die virtuosen Akkordbrechungen im Klavier, die Wandlungen zu markanten Themenabschnitten im Violoncello und der Violine, die die Intensität motivisch-thematischer Arbeit offenbaren, die Oktavparallelen im Klavier und die virtuosen Läufe, wie die mit «animato» bezeichneten Temposteigerungen, machen diesen ersten Satz zu einer spannungsvollen Musik, in der kaum Zeit zum Luftholen bleibt. Eine Musik erklingt, die nicht fröhlich wirkt, die offenbar ein Spiegel erlebten Lebens ist, mit all seinen Wandlungen, seinen Unsicherheiten und seiner Resignation.

Das «Andante espressivo» bezieht seine Qualität aus der eindringlichen melodisch-rhythmischen Gestalt des Anfangs. Punktierte Rhythmen, ineinander verschränkte melodische Passagen in Violine und Violoncello bei akkordischer Klavierbegleitung bestimmen diesen langsamen Satz. Neben kantablen Elementen und Akkordbrechungen im Stakkato erscheinen chromatische Tonfolgen in einem dialogischen Miteinander der Instrumente. Dieser langsame Satz, der außerordentlich häufig mit chromatischen Wendungen versehen ist, mündet in einen kurzen dritten «Allegretto»-Satz in D-Dur, den die Komponistin mit *Lied* überschrieben hat. Hier werden harmonische Klangdichte als Ausdruck einer tiefen Leidenschaft, Leidensfähigkeit oder Sehnsucht mit dem kantablen Element des Liedes verknüpft und bilden zusammen einen intensiven, melodisch bestimmten dritten Satz als Ruhepunkt, als ein Innehalten vor dem Finale. Das «Allegro moderato» brilliert mit Virtuosität. Im Verlauf dieses letzten Satzes greift die Klavierstimme die melodische Gestalt der Violine auf, unterstützt sie aber auch gleichzeitig durch die verschiedenen Akkorde und eine schnelle Triolenbewegung. Tonartwechsel und weitere Kontrastierungen von Bewegungsabläufen in Violine und Violoncello im Verhältnis zum Klavier, Temposteigerungen und Dialogpartien zwischen den Streichern charakterisieren diesen Satz, dessen Intensität bis zuletzt nicht nachlässt.

Diese Komposition belegt, dass Fanny Mendelssohn-Hensel auch in den Kammermusikwerken zu einem eigenen Originalstil gefunden hat. Hier finden sich Prägnanz der Themenbildung und zentrierende Phantasie in der Tonartenbehandlung. Und gerade in dieser Modulationsphantasie, in der dadurch entstandenen Erweiterung des musikalischen Ausdrucks und des Mutes zum Bruch mit dem Gewohnten liegt die Besonderheit ihrer späten Kompositionen. Das *Trio d-moll* ist ein dramatisches Stück, angefüllt mit Lebenserfahrung zwischen Freude und Depression. Hier war sie sich ihrer eigenen Kompositionsfähigkeit ohne Einschränkung bewusst, denn sie verzichtete während der Komposition des Trios auf einen «Handwerksdialog» mit Felix Mendelssohn. Ihr plötzlicher Tod nur wenige Wochen nach der Aufführung des Klaviertrios beendete diese Entwicklung.

## WERKE FÜR CHOR UND ORCHESTER

Fanny Mendelssohn-Hensel fühlte sich der Tradition der Oratorien von Johann Sebastian Bach und Georg Friedrich Händel sehr verbunden. Die Wiederentdeckung und Aufführung der

Matthäus-Passion durch Felix Mendelssohn löste eine überwältigende Bach-Renaissance in Deutschland aus und damit auch eine Neubesinnung auf geistliche Kompositionen für Chor und Orchester. Eine Welle von Chor-Neugründungen begleitete diese Entwicklungen.

Im Lauf des Jahres 1831 entstanden Fanny Mendelssohn-Hensels Kantaten *Lobgesang* (14. Juni 1831), *Hiob* (1. Juli – 1. Oktober 1831) und die *Cantate nach dem Aufhören der Cholera in Berlin* (1831). Alle drei Kantaten stehen in einem konkreten Bezug zur Lebenssituation der Komponistin. Der *Lobgesang* ist Ausdruck ihrer Freude über die Geburt ihres Sohnes Sebastian, die Kantate *Hiob* war als Geschenk zum Hochzeitstag für Wilhelm Hensel gedacht. Die eher ungewöhnliche Wahl des Textes zu diesem doch freudigen Anlass erklärt sich aus der Sorge um Freunde und Verwandte, denn die Cholera-Epidemie von 1831 forderte in Berlin eine Reihe von Opfern. Um diese Verluste trauerte Fanny Mendelssohn-Hensel in der *Cholera-Kantate*.

Hans-Joachim Hinrichsen sieht in diesen Kantatenkompositionen eine konkrete Auseinandersetzung mit dem Vorbild Johann Sebastian Bach. So habe sie in ihrem Einleitungschor zum *Lobgesang* durch die Wahl des $^6/_8$-Taktes auf die Sinfonia im 2. Teil des «Weihnachtsoratoriums» Bezug genommen, dem Teil des Werkes, in dem den Hirten auf den Feldern die Geburt Jesu verkündigt wird. Ebenso ist die Arie «Laudamus te» aus der «h-moll-Messe» als Vorbild zu der zentralen Lobes-Arie «O daß ich tausend Zungen hätte» erkennbar.[144] Dennoch heißt Vorbild nicht Nachahmung. Die auf bestimmte Glaubensaussagen bezogenen Vorlagen erhalten eine Umdeutung in jene private, intime Atmosphäre, für die sie gedacht sind. Fanny Mendelssohn-Hensels *Cholera-Kantate* entstand in Reaktion auf den Tod bekannter und geliebter Menschen, unter denen auch der Philosoph Hegel zu beklagen war, der am 13. November 1831 der Seuche erlag. Die umfangreiche Kantate ist zunächst bekannt geworden unter dem Titel *Oratorium nach Bildern der Bibel*. Die Texte wählte die Komponistin aus dem Alten Testament: Gott richtet das sündige Volk, es bittet um Tröstung, aber da ist niemand, der es erhört. Leiden, Angst und Trauer stehen im Mittelpunkt dieses «Schreckensbildes». Aber der Text fährt fort: «Und der Tod wird nicht mehr sein, noch Leid, noch Geschrei, noch Schmerz wird mehr sein, denn die Erde ist vergangen, der Tod wird nicht mehr sein. Und Gott wird wegnehmen alle Tränen aus ihren Augen.» Und doch wendet sich das «Bild» zur Freude für die, die ihn rufen: «Der Herr ist nahe allen, die ihn anrufen. […] Alle Sorgen werfet auf ihn, denn er sorget für euch. […] Tröstet mein Volk, spricht euer Gott. […] Alles was Odem hat, preise den Herrn.» Dieser Textauswahl der 26-jährigen Komponistin scheint das alttestamentarische jüdische Gottesbild zugrunde zu liegen, das Bild des strafenden und schreckenden Gottes, jedoch verknüpft sie dieses Bild mit dem neutestamentarischen, dem Bild des vergebenden Gottes. Ob sie bewusst diese beiden Gottesbilder, das des strafenden und des vergebenden, verbinden wollte, lässt sich nur vermuten. Auch in den beiden Oratorien Felix Mendelssohns lässt sich diese Dualität beobachten, er wählte für den «Paulus» eine neutestamentarische Hauptfigur, «Elias» ist dagegen der erwartete alttestamentarische Prophet. Die *Cholera-Kantate* hat eine Aufführungsdauer von vierzig Minuten. Dies drängt die Vermutung auf, das Oratorium sei nur zur Aufführung im kleinen, halb öffentlichen Kreis der «Sonntagsmusiken» gedacht, die Wahl der Orchesterbesetzung zeugt allerdings von der Absicht, ein umfangreiches Werk dieser Gattung schaffen und auch einem größeren Publikum präsentieren zu wollen. Die Holzbläser sind doppelt besetzt, die Gruppe der Blechbläser besteht aus zwei Hörnern, zwei Trompeten und drei Posaunen, dazu kommen die Pauken und die Streicher. Das Orchester entfaltet im Verlauf des Stückes eine intensive dramatische Klangfarbe, die die Aussagen der «Bilder» unterstützt und verstärkt.

Die Komposition zeigt das strukturelle, an der Musik Bachs und Händels geschulte und harmonisch auf die Spätromantik vorausweisende musikalische Denken Fanny Mendelssohn-Hensels.

Die Introduktion wird zunächst durch ein einfaches Terz-Quint-Motiv der Oboen bestimmt, dann durch verschiedene neu auftauchende Motive, die von den Holzbläsern in unterschiedlichen Klangkombinationen gespielt werden.

Nach einem kurzen Sopran-Rezitativ folgt ein Sopran- und Bass-Arioso mit stark modulatorischen Passagen. Die Motivphantasie der Komponistin zeigt sich im nachfolgenden Chorsatz, der homophone achtstimmige mit imitatorischen Abschnitten verbindet, wobei die Holz- und Blechbläser eine Art eigenständige Verstärkung bilden. Tonmalerische Elemente finden sich bei den Worten «Eile, Gott mich zu retten, Herr mir zu helfen, eile herbei», die in Sechzehntel- und Achtelrepetitionen und Sekundbewegungen die Eile und die Unruhe der Rufenden sinnfällig machen. Beeindruckend, voller Dramatik und Wärme ist das Alt-Rezitativ, dessen ariose Melodie durch die Streicher eingebettet und ergänzt wird.

Immer wieder fallen im Verlauf der Komposition die Verbindungen der Passagen homophoner Eindringlichkeit, die jeweils auch vom Orchester mitgetragen werden, mit den imitatorisch-motettenhaften Abschnitten auf, die besonders auf die Hervorhebung der Textaussage bezogen sind und sie durch polyphone Gegenüberstellungen verstärken. Dies ist vor allem im «Trauerchor» zu beobachten. In diesem Chorsatz scheint Fanny Mendelssohn-Hensel insbesondere die polyphonen Strukturen Johann Sebastian Bachs zu reflektieren, jedoch im romantisch-harmonisch gewendeten Klangraum. Nach dem zwölftaktigen Orchestervorspiel, das durch seinen 6/8-Takt mit der rhythmischen Bewegung von Viertel- und Achtelnoten und mit der Wechselwirkung von Streichern und Holzbläsern von fern an den Eingangschor der «Matthäus-Passion» erinnert, folgt ein intensiver Abschnitt polyphon verzahnter Stimmen im Frauenchor. In kleinen Intervallschritten windet sich die Melodie aufwärts, der Text, «Sie sind dahingegangen, wie das Gras verdorret», erscheint in g-moll. Homophon, fast blockartig singt der Frauenchor anschließend die Worte: «Wie die Blume verwelket, wie eine webende Spreu.» Diese Textauswahl deutet auf das «Deutsche Requiem» von Johannes Brahms voraus. Die polyphone Verzahnung der Stimmen beginnt in Takt 29, indem sich die Melismen zu der Aussage «Ihr Leben ist verborgen in Gott» in den einzelnen Stimmen zu einer fließenden Bewegung zusammenfügen. Der Höhepunkt dieses ersten Teils des «Trauerchors» wird eingeleitet durch die Fugato-Einsätze der Stimmen. Das Orchester ergänzt selbständig diese ineinander verschränkten Bewegungen, spielt in kurzen Phasen die unterschiedlichen Tonfolgen des Chors mit, erweitert jedoch den Ambitus des Tonraums erheblich. Dieser polyphone Abschnitt der Komposition bleibt überwiegend in g-moll, die Modulationen bewegen sich hauptsächlich im Akkordfeld der erweiterten Kadenz, aber auch verminderte Dreiklänge bestimmen den Ablauf dieser Passage. Der zweite Teil des «Trauerchors» grenzt sich bereits durch den Taktwechsel zum 4/4-Takt deutlich vom vorherigen ab. Die Klage über die Vergänglichkeit allen Seins wird hier abgelöst von der Sicherheit des Wissens um die Vergänglichkeit des Todes. Diese Gewissheit wird durch einen punktierten Rhythmus verdeutlicht, der in abgewandelter Gestalt immer wiederkehrt und in seiner melodisch-imitatorischen Struktur diesen Teil des Chors bestimmt. Die Vergänglichkeit der Erde drückt die Komponistin durch eine sechstaktige ineinander verwobene melismatische Bewegung aus. Dabei wandert die Modulation Spannung bildend von G-Dur über die Akkorde c-moll, g-moll, f-moll, G-Dur, A-Dur, E-Dur, a-moll, D-Dur zu g-moll, der Ausgangstonart des Chors, zurück. Die Komposition drückt Traurigkeit aus, das dunkle Klangbild dieser Passage unterstützt diesen Eindruck, zuletzt aber, durch die Wendung nach C-Dur und G-Dur, überwiegt eher die Gewissheit, dass Trauer und Verzweiflung um die Vergänglichkeit des Menschen aufgehoben werden. Und somit endet dieser Trauerchor in der Bestätigung des Trostes. Der Schlusschor des Werkes, der Lobgesang, ist überwiegend homophon strukturiert, aber auch hier finden sich motettisch-imitatorische Teile, die blockartig miteinander wetteifern. Die Behandlung der Bass- und der Cellostimme verweist hier auf das Bach'sche Generalbassdenken. Die Motivvielfalt, die Verknüpfung der imitatorisch-polyphonen Teile mit den homophonen Passagen, die Klangphantasie bei der Instrumentation bezogen auf die Deutung der «Bilder der Bibel» kennzeichnen die *Cholera-Kantate*, die die noch junge Komponistin mehr für sich als für andere schuf. Die ihr verwehrte Öffentlichkeit verhinderte eine Entwicklung hin zur großen Form, zum mehrstündigen Oratorium, dessen Vielschichtigkeit sich hier nur erahnen lässt. Die Kantate wurde der Öffentlichkeit erst 1984 unter dem Titel *Oratorium nach Bildern der Bibel* vorgestellt; am 27. Mai führte Elke Mascha Blankenburg mit der Kölner Kurrende und den Musikern des WDR-Orchesters dieses Werk in Köln auf.

Felix Mendelssohn hatte die Textauswahl für die Chorkomposition zum Teil heftig kritisiert: «Die beiden Chöre sind mir nicht originell genug. – Dies klingt dumm, ich meine aber es sei die Schuld des Textes, der eben nichts Originelles ausspricht; ein einziges Wort hätte vielleicht Alles bessern können; aber so wie er da ist, könnte er überall stehen: in Kirchenmusik, Cantate, Offertorium etc. [...] So ist also mein Résumé, daß ich Dich in der Wahl des Textes bedächtiger haben möchte, weil am Ende nicht alles, was in der Bibel steht und auf das Thema paßt, Musik enthält».[145] Offenbar hielt er die Verbindung von Musik und Text hier für unpassend. Er selbst beschäftigte sich zu der Zeit ebenfalls mit der Frage der musikalischen Textdeutung, dazu wählte er häufig einen einzigen alttestamentarischen Psalm. Die Tatsache, dass die Geschwister alt- und neutestamentarische Texte aussuchten, lässt vermuten, dass sie eine Synthese anstrebten, die eine Interkonfessionalität zum Ausdruck bringen soll. Über sie geht Fanny

Mendelssohn-Hensel, so meint Hans-Joachim Hinrichsen, im Sinne einer «kunstreligiösen Idee» noch hinaus.

Auch mit der weltlichen *Dramatischen Szene – Hero und Leander* für eine Singstimme mit Begleitung des Orchesters wendet sich Fanny Mendelssohn-Hensel einem in der Romantik beliebten Thema aus der griechischen Mythologie zu. Die Geschichte erzählt von Hero, einer Priesterin der Aphrodite, und ihrem Geliebten Leander, der jede Nacht durch den Hellespont schwimmt, um zu ihr zu gelangen. Damit er in der Dunkelheit zu ihr findet, entzündet sie eine Fackel. Als diese durch den Sturm eines Nachts erlischt, ertrinkt Leander, und Hero, die vergeblich wartet, stürzt sich daraufhin von einem Turm. Wilhelm Hensel hatte den Text für diese *Dramatische Szene* verfasst, deren Kompositionsdatum mit dem 4. Januar 1832 angegeben ist. So gehört auch diese Komposition in die Reihe der 1831 und 1832 entstandenen Werke für Solisten, Chor und Orchester. Ob, wann und wo die Komponistin diese *Dramatische Szene* aufführte, lässt sich nicht feststellen. Auch hier gibt es eine Parallele zwischen den Geschwistern: Sicher nicht zufällig auch nach einem weltlichen Sujet vollendete Felix Mendelssohn im Februar 1832 seine erfolgreichste Kantate «Die Walpurgisnacht».

Im Jahr 1843 vertonte Fanny Mendelssohn-Hensel die ersten Verse aus Goethes «Faust II», die Verse 4613–4665, «Anmutige Gegend», für Sopran-Solo, zwei weitere Soprane und Alte, Chor und Klavier. Diese «Faust»-Vertonung ist ein Höhepunkt in der Reihe von Kompositionen zu Goethe'schen Texten; in der Zeit von 1820 bis 1846 entstanden 45 Goethe-Vertonungen. Fanny Mendelssohn-Hensel hatte den Mut, sich ebenfalls an den «Faust» zu wagen, an den Beginn des Zweiten Teils, dessen heitere Stimmung sie beeindruckte. Sicher hatte sie auch die Berliner Erstaufführung des «Faust» am 15. Mai 1838 im königlichen Schauspielhaus gesehen. Mit der Aufführung ihrer «Faust-Szene» versuchte sie die «Sonntagsmusiken» wieder aufleben zu lassen, die sie wegen der Schwäche ihrer Hände einige Zeit unterbrechen musste. Während der Komposition ermutigte und unterstützte Charles Gounod ihre

Arbeit, als er die Familie Mendelssohn in Berlin besuchte. *Was mich nun auch eben nicht gegen ihn einnimmt, ist die wahre Verehrung und Liebe, die er für uns hat, und durch seine Reise nach Berlin wirklich thätig bewiesen, da er sie einzig und allein unternommen um uns zu besuchen. Seine Anwesenheit war mir eine sehr lebhafte musikalische Anregung, da ich erstlich sehr viel gespielt und sehr viel mit ihm gesprochen habe*[146], berichtet die Komponistin. Möglicherweise haben dieser Besuch und die Gespräche über «Faust» Gounod auch zu seiner eigenen Vertonung des Faust-Stoffes angeregt.

Goethes «Faust II» setzt dort ein, wo Faust dem «heiligen Licht» zurückgegeben wird, nachdem Gretchen sich – am Ende des ersten Teils – dem Gericht Gottes überlassen hatte, wollte sie doch nicht mit Faust und dem ihr verhassten Freund Mephisto entfliehen. Goethes Szenenanweisung für den Ersten Akt lautet: «Faust auf blumigem Rasen gebettet, ermüdet, unruhig, schlafsuchend, Dämmerung. Geisterkreis schwebend bewegt, anmutige kleine Gestalten.»[147]

Die bewegte Ruhe, die Heiterkeit, das sanfte Dämmerlicht ist die Stimmung dieses Wiederbeginns von Fausts Leben. Die vorhergegangene Erfahrung der Tragik, der schuldhaften Verstrickung wird deutlich durch den Gesang Ariels:

> Wenn der Blüten Frühlingsregen
> Über alle schwebend sinkt,
> Wenn der Felder grüner Segen
> Allen Erdgebornen blinkt,
> Kleiner Elfen Geistergröße
> Eilte, wo sie helfen kann,
> Ob er heilig, ob er böse,
> Jammert sie der Unglücksmann.[148]

Dem «Unglücksmann» soll geholfen werden, er erfährt die Verheißung der Gesundung und wird am Ende dieser Zeilen, die Fanny Mendelssohn-Hensel zur Vertonung wählte, aufgefordert, den «Schlaf fortzuwerfen» und sich in eine neue, Erfolg versprechende Aktivität zu stürzen:

Schlaf ist Schale, wirf sie fort!
Säume nicht, dich zu erdreisten,
Wenn die Menge zaudernd schweift;
Alles kann der Edle leisten,
Der versteht und rasch begreift.[149]

In diesen Zeilen zeigt sich auch ein Prinzip Faust'schen Lebens, das Goethe bereits zu Beginn des Ersten Teils der Tragödie als das richtige, bewegende Element des Lebens entwirft, das Prinzip der Tat. Und der tätige Mensch, der seine Kraft zum Wohle aller einsetzt, kann, verkürzt dargestellt, Barmherzigkeit und Erlösung erfahren. Sicher ist jene Aussage Goethes ein Teil der gelebten Überzeugungen im Mendelssohn-Hensel'schen Hause gewesen; Goethe wurde sehr verehrt, seine Ideen boten Anreize zur Auseinandersetzung.

Fanny Mendelssohn-Hensel wählte eine solistische und chorische Besetzung allein mit Frauenstimmen. Der Geist Ariel wird durch einen Solosopran gesungen, die beiden weiteren zwei Soprane und Alte werden ebenfalls solistisch eingesetzt, jedoch auch im Verlauf des Stückes chorisch verwendet.

Die eher fragmentarische Faust-Musik verrät in den vorhandenen Abschnitten durchaus die Beherrschung der kompositorischen Mittel zur Interpretation der Dichtung durch die Musik und ein tiefes Verständnis für das Werk Goethes.

Nochmals sei darauf hingewiesen, dass die fehlenden öffentlichen Aufführungsmöglichkeiten für die Werke Fanny Mendelssohn-Hensels Kompositionen in der großen Form, das heißt, für Solisten, Chor und Orchester, verhinderten. Die hier nur skizzierte Analyse der Chor-Kantaten zeigt, wie sehr die Komponistin die Auseinandersetzung mit der großen Form suchte und ihr überzeugende Lösungen auch gelangen. Im Wissen, dass ihr eine öffentliche Aufführung verwehrt sei, dass sie die «Faust-Szene» immer selbst aus ihrem Klavierauszug vortragen müsse, sparte sie sich die Mühe, aus dem Klavierauszug eine Partitur für Orchester zu entwickeln. Eine Ermunterung und die Aufführung ihrer Werke in einem Konzert des Berliner Singvereins zum Beispiel hätten Fanny Mendels-

sohn-Hensel eher zu weiteren Kompositionen und zu Über-
arbeitungen der uns vorliegenden angeregt, als es die Auffüh-
rungen im Familien- und Freundeskreis vermochten. Dass es
kein großes Publikum für diese Kantaten gab, muss sie sehr geschmerzt haben, denn aus dem Brief an den Freund und Verleger Franz Hauser geht hervor, dass sie danach suchte: *Schreiben
Sie mir doch, ob für Ihren Verein ein Musikstück brauchbar ist, für
4 weibliche Solostimmen, u. Frauenchor mit etwas obligater Clavier-
begleitung? Ein solches habe ich gemacht, u. werde es Ihnen kopiren
lassen, wenn Sie mir sagen, daß Sie es benutzen können. Sie müssen
dann aber auch ein milder Richter seyn, u. kein furchtbarer Cerbe-
rus.*[150] Hauser war an der Komposition interessiert, und so
sandte sie ihm diese mit den Worten: *Hierbei erfolgt das Musikstück, durch welches ich, Ihrem freundlichen Verlangen zufolge,
den kühnen Versuch machen will, mich zu der Würde eines Mitglie-
des Ihres Vereins aufzuschwingen.*[151] Fanny Mendelssohn-Hensel
nimmt sich auch hier als Komponistin zurück. Es scheint, als
habe sie selbst kein allzu großes Vertrauen in die Qualität ihrer
Arbeit, aber auch die offizielle Höflichkeit verlangte, bescheiden hinter einem Anliegen zurückzutreten.

Die *Ouvertüre C-Dur*, ihr einziges Orchesterstück, komponierte
Fanny Mendelssohn-Hensel vermutlich am 29. März 1830,
nach Datierungen von Franz Krautwurst und Rudolf Elvers in
«Musik in Geschichte und Gegenwart». Sie hat es bei ihren
«Sonntagsmusiken» selbst dirigiert. Am 4. Juni 1834 berichtet
sie Felix Mendelssohn: *Nachher ließ ich meine Ouvertüre spielen,
und stellte mich dabei ans Clavier, u. da flüsterte mir der Teufel in Le-
cerfs Gestalt zu, das Stöckchen in die Hand zu nehmen. Hätte ich
mich nicht so entsetzlich geschämt, u. bei jedem Schlage genirt, so
hätte ich ganz ordentlich damit Dirigieren können. Es amüsierte
mich sehr, das Stück nach zwei Jahren zum erstenmal zu hören, und
ziemlich Alles so zu finden, wie ich es mir gedacht hatte.*[152]
Das Stück ist für ein für ihre Zeit normal besetztes Sym-
phonie-Orchester mit je zwei Flöten, Oboen, Klarinetten, Fa-
gotten, zwei Hörnern in C, zwei Hörnern in G, Posaune, Pauken
und Streichern geschrieben. In der Instrumentation ihrer Mo-

tivverknüpfungen nutzt sie die Instrumente – ähnlich wie bei Beethoven – solistisch, um der jeweiligen Motivverwandlung eine andere Klangfarbe zu geben.

Nach dem einleitenden Andante spielt die Komponistin mit zwei Motiven und moduliert mit dieser musikalischen «Klangzelle» durch die verschiedenen Tonarten, repetiert die rhythmische Struktur, formt sie geringfügig um, bis sie wieder eine neue Idee einführt, die jetzt mehr melodischen Charakter erhält.

Immer wieder sind Durchführungselemente zu entdecken; motivische Arbeit verbindet sich mit Ideenvielfalt und einer formalen Konzeption, die Spannung aufbaut und mit den Klangfarben der Instrumente spielt. Zuletzt führt das Stück in einer rasanten Coda – im «Presto e sempre accelerando» – zu den Schlussakkorden.

# Epilog

Die Einspielung des *Klaviertrios in d-moll* von Fanny Mendelssohn-Hensel und der beiden Klaviertrios von Felix Mendelssohn Bartholdy durch das Abegg-Trio 1994 ist nur eines der Signale, die von Musikerinnen und Musikern in den letzten fünfzehn Jahren ausgingen, um die Musik Fanny Mendelssohn-Hensels aus dem «Hinterhaus» in die Konzertsäle zu holen. Das Publikum hat ein Anrecht darauf.

Die Wiederentdeckung der Musik Fanny Mendelssohn-Hensels begann in den frühen achtziger Jahren. 1982 gab der Linau Verlag die *Six Mélodies* op. 4 von 1847 heraus, es folgten Bote und Bock mit dem Reprint der *Sechs Lieder* op. 1 und der *Lieder* op. 10. Inzwischen sind das *Streichquartett Es-Dur*, das *Klavierquartett As-Dur*, eine Fülle weiterer Lieder und Chor-

Fanny Hensel am 14. April 1845 in Rom. Zeichnung von August Kaselowsky (mit Widmung an Wilhelm Hensel 1850)

139

lieder, früher Klavierstücke, Sonatensätze, die Chor- und Orchesterstücke im Druck erschienen, dank der unermüdlichen Herausgebertätigkeit von Musikerinnen und Musikwissenschaftlerinnen. Auch die Einspielungen der Werke mehren sich. Lebendigkeit, Improvisationsfrische, Melodienreichtum, harmonische Experimentierlust und rhythmische Phantasie sind die Kennzeichen eines Gesamtwerks, das allzu lange der Öffentlichkeit vorenthalten blieb. Fast ist die Einspielung der Klaviertrios der Geschwister ein Signal für die Aufnahme des Œuvres von Fanny Mendelssohn-Hensel in das Repertoire der Konzerthäuser.

Auch wenn Züge der Resignation unverkennbar sind, bleibt doch der Eindruck eines kreativen und glücklichen Lebens dieser so vielseitig begabten und tatkräftigen Frau, und sie hat es wohl auch selbst so empfunden, denn auf einer der letzten Seiten ihres Tagebuchs bekennt sie nach einem kurzen Bericht über die *allgemeine Teuerung und Not*, dass sie auch in dem *allgemein leidvollen Winter 1846/47* zu den Glücklichen der Welt gehört: *Wie kann man nur verdienen, zu den so wenigen Glücklichen in der Welt zu gehören! Wenigstens fühle ich es lebhaft und dankbar, und wenn ich des Morgens mit Wilhelm gefrühstückt habe und dann jeder an seine Arbeit geht, da empfinde ich mich mit wahrer Rührung glücklich, wenn ich an den kommenden Tag denke und an den vergangenen.*[153]

1  Fanny Mendelssohn: Italienisches Tagebuch. Hg. von Eva Weissweiler. Frankfurt a. M., Berlin 1985, S. 125

2  Fanny Mendelssohn an Carl Klingemann am 22. März 1829, zitiert nach Eva Weissweiler (Hg.): Fanny Mendelssohn. Ein Portrait in Briefen. Frankfurt a. M., Berlin 1991, S. 52

3  Fanny Mendelssohn-Hensel am 15. Juli 1836 an Carl Klingemann, zitiert nach Eckart Kleßmann: Die Mendelssohns. Bilder aus einer deutschen Familie. Frankfurt a. M., Leipzig 1993, S. 241

4  Marcia J. Citron: The Letters of Fanny Hensel to Felix Mendelssohn. New York 1987, S. 428

5  Ebenda, S. 457

6  Sebastian Hensel: Die Familie Mendelssohn 1729–1847. Leipzig 1924, Neuauflage Frankfurt a. M. 1995, S. 858–859

7  Heinz Knobloch: Herr Moses in Berlin. Ein Menschenfreund in Preußen. Das Leben des Moses Mendelssohn. Berlin 1987, S. 5

8  Ebenda, S. 116

9  S. Hensel, a. a. O., S. 93 f.

10  Ebenda, S. 133

11  Ebenda, S. 93

12  Abraham Mendelssohn an Fanny Mendelssohn, zitiert nach: S. Hensel, a. a. O., S. 124

13  Fanny Mendelssohn-Hensel, Tagebuch vom 26. November 1834, unveröffentlichtes Ms., Mendelssohn-Archiv; Preußischer Kulturbesitz, Staatsbibliothek Berlin

14  Arnd Richter: Mendelssohn. Leben – Werke – Dokumente. Mainz 1994, S. 44

15  S. Hensel, a. a. O., S. 121

16  Ebenda, S. 131 f.

17  Françoise Tillard: Die verkannte Schwester. Die späte Entdeckung der Komponistin Fanny Mendelssohn Bartholdy. München 1994, S. 101

18  E. Weissweiler: Fanny Mendelssohn-Hensel, a. a. O., Widmung, Seite ohne Zählung

19  Hans-Günter Klein (Hg.): «Das verborgene Band». Felix Mendelssohn Bartholdy und seine Schwester Fanny Hensel. Wiesbaden 1997, S. 81 (Ausstellungskatalog)

20  Fanny Mendelssohn-Hensel, Tagebuch vom 20. Januar 1843, Mendelssohn-Archiv

21  S. Hensel, a. a. O., S. 126 f.

22  E. Weissweiler (Hg.): Fanny Mendelssohn, a. a. O., S. 52

23  S. Hensel, a. a. O., S. 214

24  Felix Mendelssohn an Fanny Mendelssohn-Hensel am 14. Juni 1830, zitiert nach: Paul Mendelssohn Bartholdy, Carl Mendelssohn Bartholdy (Hg.): Briefe aus den Jahren 1830–1847 von Felix Mendelssohn Bartholdy. Leipzig 1882, S. 10 f.

25  Fanny Mendelssohn-Hensel an Felix Mendelssohn am 24./25. April 1829, zitiert nach: M. J. Citron, a. a. O., S. 390

26  E. Weissweiler (Hg.): Fanny Mendelssohn, a. a. O., S. 95

27  Christian Lambour: Brief zur Hochzeit der Schwester. In: Mendelssohn-Studien 6; Hg. von Hans-Günter Klein. Berlin 1986, S. 101

28  Ebenda, S. 14

29  E. Weissweiler (Hg.): Fanny und Felix Mendelssohn. Briefwechsel 1821 bis 1846. Berlin 1997, S. 17

30  Ebenda, S. 41

31  Mendelssohn-Studien 6, a. a. O., S. 14

32  E. Weissweiler: Fanny und Felix Mendelssohn, a. a. O., S. 116 f.

33  Ebenda, S. 358

34  Felix Mendelssohn an Fanny Mendelssohn-Hensel am 30. Januar 1836, zitiert nach: P. Mendelssohn, C. Mendelssohn, a. a. O., Zweiter Teil, S. 71

35  M. Citron, a. a. O., S. 484

36 Ebenda, S. 457

37 Ebenda, S. 458

38 Ebenda, S. 486

39 Ebenda, S. 486

40 Felix Mendelssohn an Fanny Mendelssohn-Hensel am 7. April 1834, zitiert nach P. Mendelssohn, C. Mendelssohn, a. a. O., Zweiter Teil, S. 24 f.

41 Ebenda, Erster Teil, S. 225

42 E. Kleßmann, a. a. O., S. 242

43 Ebenda, S. 242

44 Felix Mendelssohn an Fanny Mendelssohn-Hensel im November 1830, zitiert nach P. Mendelssohn, C. Mendelssohn, a. a. O., Erster Teil, S. 42 f.

45 E. Weissweiler: Fanny und Felix Mendelssohn, a. a. O., S. 391 f.

46 Ebenda, S. 392

47 Ebenda

48 Ebenda

49 Ebenda, S. 238

50 S. Hensel, a. a. O., S. 480 f.

51 E. Weissweiler (Hg.): Fanny Mendelssohn, a. a. O., S. 170

52 M. Citron, a. a. O., S. 490

53 S. Hensel, a. a. O., S. 814

54 E. Weissweiler (Hg.): Fanny Mendelssohn, a. a. O., S. 154

55 S. Hensel, a. a. O., S. 844

56 Ebenda

57 Ebenda

58 Eduard Devrient: Meine Erinnerungen an Felix Mendelssohn Bartholdy und seine Briefe an mich. Leipzig 1872, S. 39 f.

59 S. Hensel, a. a. O., S. 141

60 Cécile Lowenthal-Hensel: Einführung zu Wilhelm Hensel. In: Preußische Bildnisse des 19. Jahrhunderts. Zeichnungen von Wilhelm Hensel. Nationalgalerie Berlin 1981, S. 14

61 Ebenda

62 Ebenda

63 S. Hensel, a. a. O., S. 151

64 Ebenda, S. 151 f.

65 Ebenda, S. 152

66 Brief Depos. Berlin 106, Mendelssohn-Archiv, Staatsbibliothek Berlin, veröffentlicht von Annette Maurer, in: Martina Helmig (Hg.): Fanny Hensel, geb. Mendelssohn Bartholdy. Das Werk. München 1997, S. 153

67 Brief Depos. Berlin 107, Mendelssohn-Archiv, Staatsbibliothek Berlin, veröffentlicht von Annette Maurer, in: M. Helmig (Hg.), a. a. O., S. 155

68 Brief Depos. Berlin 102, Mendelssohn-Archiv, Staatsbibliothek Berlin, veröffentlicht von Annette Maurer, in: M. Helmig (Hg.), a. a. O., S. 143

69 Unveröffentlichter Brief in Privatbesitz, undatiert

70 Unveröffentlichter Brief in Privatbesitz, undatiert

71 Unveröffentlichter Brief in Privatbesitz, undatiert

72 Unveröffentlichter Brief in Privatbesitz, undatiert

73 Unveröffentlichter Brief in Privatbesitz, undatiert

74 Unveröffentlichter Brief in Privatbesitz, undatiert

75 E. Weissweiler: Fanny Mendelssohn, a. a. O., S. 91

76 Ebenda, S. 96

77 S. Hensel, a. a. O., S. 161 f.

78 F. Mendelssohn: Italienisches Tagebuch, a. a. O., S. 85

79 Ebenda, S. 34

80 Johann Wolfgang Goethe: Italienische Reise. Berlin 1976, S. 48

81 F. Mendelssohn: Italienisches Tagebuch, a. a. O., S. 44

82 Ebenda

83 Ebenda, S. 43

84 Ebenda, S. 64

85 Ebenda, S. 65

86 Ebenda, S. 61

87 Ebenda, S. 63

88 F. Mendelssohn: Italienisches Tagebuch, a. a. O., S. 109

89 Ebenda, S. 125

90 Ebenda, S. 100 f.

91 Charles Gounod: Mémoires. Zitiert nach: Victoria Sirota Ressmeyer: The life and the works of

Fanny Mendelssohn-Hensel. Boston University 1981, S. 109 f., übersetzt von der Autorin

92  F. Mendelssohn: Italienisches Tagebuch, a.a.O., S. 94

93  Ebenda

94  Ebenda, S. 77

95  Ebenda, S. 172

96  Ebenda, S. 171−173

97  Ebenda, S. 159

98  Ebenda, S. 132

99  Joseph von Eichendorff: Gedichte. Frankfurt a. M. 1977, S. 9

100  J.W. Goethe, a.a.O., S. 78

101  F. Mendelssohn: Italienisches Tagebuch, a.a.O., S. 176

102  S. Hensel, a.a.O., S. 635

103  P. Mendelssohn, C. Mendelssohn, a.a.O., S. 155

104  E. Devrient, a.a.O., S. 155

105  Hector Berlioz: zitiert nach: Ingeborg Allihn: Musikstädte der Welt. Laaber 1991, S. 53

106  Hans-Günter Klein: «… dies allerliebste Buch». Fanny Hensels Noten-Album. In: Mendelssohn-Studien 8, Berlin 1993, S. 141

107  Ebenda, S. 144

108  Ebenda, S. 144

109  Ebenda, S. 156

110  Ebenda, S. 146 f.

111  Siehe E. Devrient, a.a.O., S. 40 f.; der Onkel Salomon Heine in Hamburg subventionierte den Dichter mit erheblichen Summen.

112  S. Hensel, a.a.O., S. 765

113  Ebenda, S. 729

114  Ebenda, S. 783

115  Ebenda, S. 811 f.

116  Fanny Mendelssohn-Hensel: Vorschlag zur Errichtung des Dilettantenvereins. Veröffentlicht in: Komponistinnen in Berlin. Hg. von B. Brand, M. Helmig, B. Kaiser, B. Salomon und A. Westerkamp. Berlin 1987, S. 45−47

117  Tagebucheintrag von Fanny Mendelssohn-Hensel, unveröffentlicht im Mendelssohn-Archiv

118  Zitiert nach V. Sirota, a.a.O., S. 91 f., übersetzt von der Autorin

119  Robert Schumann: Erinnerungen an Felix Mendelssohn Bartholdy. Ausstellungskatalog. Zwickau 1947, S. 61

120  Karl Klingemann (Hg.): Felix Mendelssohn Bartholdy: Briefwechsel mit Legationsrat Carl Klingemann in London. Essen 1909, S. 329

121  E. Devrient, a.a.O., S. 280 f.

122  S. Hensel, a.a.O., S. 857

123  K. Klingemann, a.a.O., S. 329

124  Johanna Kinkel: Lecture on Felix Mendelssohn. Unveröffentlichtes Ms., Universitätsbibliothek Bonn, Signatur 2398, S. 28

125  S. Hensel, a.a.O., S. 859 f.

126  K. Klingemann, a.a.O., S. 329

127  Ebenda, S. 331

128  Ebenda, S. 327 f.

129  E. Devrient, a.a.O., S. 290

130  S. Hensel, a.a.O., S. 857 f.

131  Theodor Fontane: Theodor Fontane über Wilhelm Hensel. In: Mendelssohn-Studien 3, Hg. von Cécile Lowenthal-Hensel und Rudolf Elvers. Berlin 1979, S. 188

132  S. Hensel, a.a.O., S. 479 f.

133  Ebenda, S. 480

134  Ebenda, S. 650

135  John Thomson, zitiert nach: M. J. Citron: The Lieder of Fanny Mendelssohn-Hensel. In: Musical Quarterly 69, 1983, S. 570

136  Annette Nubbemeyer: Die Klaviersonaten Fanny Hensels. In: Fanny Hensel, geb. Mendelssohn Bartholdy. Komponieren zwischen Geselligkeitsideal und romantischer Musikästhetik. Hg. von Beatrix Borchard und Monika Schwarz-Danuser. Stuttgart, Weimar 1999, S. 118

137  Diether de la Motte zu Fanny Mendelssohn-Hensel in einem Aufsatz in: Üben und Musizieren, Heft 2/1991, zitiert nach: Liana Serbescu und Barbara Heller: Vorwort zur Erstausgabe. Fanny Hensel: Sonate in c-moll. Furore Edition 147. Kassel 1994

138  S. Hensel, a.a.O., S. 227

139  Rudolf Elvers, Vorwort zu: Aus-

gewählte Klavierwerke von Fanny Hensel, geb. Mendelssohn Bartholdy. München 1986, S.V.

140 Christian Thorau: Fanny Hensels Klavierzyklus «Das Jahr». In: B. Borchard und M. Schwarz-Danuser, a.a.O., S. 73

141 Die vergleichende Studie von Rainer Cadenbach zu den Klavierquartetten der Geschwister ist erschienen unter dem Titel «Fanny und Felix wetteifern in Klavierquartetten», in: Fanny Hensel, geb. Mendelssohn Bartholdy. Das Werk. Hg. von M. Helmig. München 1997

142 Felix Mendelssohn an Fanny Mendelssohn-Hensel, Brief vom 30. Januar 1835, zitiert nach: H. G. Klein: Das verborgene Band, a.a.O., S. 188

143 Fanny Mendelssohn-Hensel, Tagebucheintragung vom April 1847, Mendelssohn-Archiv

144 Vgl. Hans-Joachim Hinrichsen: Kantatenkompositionen in der Hauptstadt von Johann Sebastian Bach. In: Fanny Hensel, geb. Mendelssohn Bartholdy. Das Werk, a.a.O., S. 117–119

145 P. Mendelssohn, C. Mendelssohn, a.a.O., S. 225

146 S. Hensel, a.a.O., S. 671 f.

147 J.W. Goethe: Faust. II. Teil. München 1986, S. 146

148 Ebenda

149 Ebenda, S. 146 f.

150 Renate Hellwig-Unruh: «Ein Dilettant ist schon ein schreckliches Geschöpf, ein weiblicher Autor ein noch schrecklicheres …». Sechs Briefe von Fanny Hensel an Franz Hauser. In: Mendelssohn-Studien 10., Berlin 1997, S. 215–225

151 Ebenda

152 Zitiert nach: M. J. Citron, a.a.O., S. 468

153 Tagebucheintragung unveröffentlicht, Mendelssohn-Archiv

1805   Am 14. November wird Fanny Caecilia Mendelssohn in Hamburg als Tochter des Bankiers Abraham Mendelssohn (1776–1835) und seiner Frau Lea, geborene Salomon (1777–1842), geboren.

1809   Am 3. Februar kommt Felix Mendelssohn ebenfalls in Hamburg zur Welt.

1811   Am 11. April wird Rebecka Mendelssohn geboren.

1812   Die Familie siedelt wegen der Kontinentalsperre Napoleons gegenüber England nach Berlin über, wo die Brüder Abraham und Joseph ein Bankhaus betreiben. Paul Mendelssohn kommt hier am 30. Oktober zur Welt.

1816   werden die Kinder Fanny, Felix, Rebecka und Paul Mendelssohn in der Neuen Kirche zu Berlin evangelisch getauft.

1818   spielt Fanny Mendelssohn ihrem Vater als Geburtstagsgeschenk die 24 Präludien des «Wohltemperierten Klaviers» von Johann Sebastian Bach auswendig vor. Diese besondere Leistung wird von allen bewundert, Henriette Mendelssohn, die Schwester Abrahams, sorgt sich aber um eine Überforderung des Kindes.

1819   werden Fanny und ihr Bruder Felix Schüler von Carl Friedrich Zelter, der sie in der Kunst der Komposition unterrichtet.

1820   treten Fanny und Felix in die Berliner Singakademie ein.

1822   lernt Fanny Mendelssohn anlässlich eines Ausstellungsbesuchs in dessen Atelier den Maler Wilhelm Hensel (1794–1861) kennen. In diesem und den beiden folgenden Jahren komponiert Fanny Mendelssohn eine Reihe von Kammermusikwerken, darunter das *Klavierquartett As-Dur* und die *Klaviersonate c-moll*.

1823   beginnen die «Sonntagsmusiken» im Hause Mendelssohn, bei denen die Geschwister auftraten und zeitgenössische wie «alte» Musik zu hören war.

1825   Die Familie bezieht das Palais Leipziger Straße Nr 3, in dessen Gartentrakt Fanny Mendelssohn-Hensel später dann mit ihrer Familie bis zu ihrem frühen Tod wohnen wird.

1827   erscheinen die Lieder op. 8 von Felix Mendelssohn Bartholdy, darunter drei Lieder Fanny Mendelssohns bei Breitkopf & Härtel.

1829   Heirat mit Wilhelm Hensel am 3. Oktober. Zu ihrer eigenen Hochzeit komponiert sie sich die beiden Präludien für Orgel selbst.

1830   Am 16. Juni wird der einzige Sohn des Paares, Sebastian Hensel (1830–1898), geboren, er wird später die eine kommentierte Sammlung der Briefe der Familie Mendelssohn herausgeben, die die Basis für die Biographien bildet.

1831   Komposition der *Cholerakantate*, bekannt unter dem Titel *Oratorium nach Bildern der Bibel*, die Dramatische Szene *Hero und Leander* und die Kantate *Lobgesang*. Sie übernimmt die Leitung der «Sonntagsmusiken».

1834   Komposition vieler Lieder, Klavierstücke, der *Ouvertüre C-Dur* und des *Streichquartetts Es-Dur*.

1835   Die Familie reist nach Köln, wo Fanny Mendelssohn-Hensel bei dem Niederrheinischen Musikfest als Choristin in den von Felix Mendelssohn geleiteten Konzerten mitwirkt.

1838   Fanny Mendelssohn-Hensel gibt ihr einziges öffentliches Konzert, sie tritt in einem Wohltätigkeitskonzert am 27. Februar auf und spielt das Klavierkonzert g-moll op. 25 von Felix Mendelssohn.

1839 beginnt die große Italienreise der Familie Hensel. Die Tagebücher Fanny Mendelssohn-Hensels halten die beglückenden Erlebnisse in Rom fest.

1840 Im Herbst kehrt die Familie wieder nach Berlin zurück.

1841 Fanny Mendelssohn-Hensel komponiert den Klavierzyklus *Das Jahr*, Charles Gounod, der in Rom zum Freundeskreis gehörte, besucht die Familie in Berlin.

1845 reist die Familie nochmals nach Italien, jedoch um der erkrankten Rebecka zu Hilfe zu eilen, die dann am 14. Februar eine Tochter zur Welt bringt.

1846 Fanny Mendelssohn-Hensel komponiert ihr *Klaviertrio d-moll*, das als eines ihrer bedeutendsten Werke gilt. Sie veröffentlicht ihre *Sechs Lieder* op. 1 bei Bote und Bock in Berlin.

1847 Das *Klaviertrio* wird bei einer «Sonntagsmusik» aufgeführt. Die *Vier Lieder für das Pianoforte* op. 2 und die *Gartenlieder* op. 3 werden ebenfalls bei Bote und Bock veröffentlicht.

Am 14. Mai stirbt Fanny Mendelssohn-Hensel während der Proben zu den «Sonntagsmusiken» plötzlich an einem Gehirnschlag. Felix Mendelssohn stirbt noch im selben Jahr am 4. November in Leipzig.

# ZEUGNISSE

## John Thomson
Frau Mendelssohn ist eine erstklassige Pianistin … Sie ist keine oberflächliche Musikerin; sie hat die Wissenschaft gründlich studiert, und sie schreibt mit der Freiheit eines Meisters. Ihre Lieder zeichnen sich aus durch Zärtlichkeit, Wärme und Originalität, einige, die ich hörte, waren exquisit.
*In: The Harmonion of March, 1830*

## Charles Gounod
Madame Hensel war eine außergewöhnliche Musikerin, eine bemerkenswerte Pianistin, eine Frau von hohem Geist, klein, schmächtig, aber von einer Energie, die man in ihren dunklen Augen ahnen konnte und in ihrem Blick voll Feuer.
*Mémoires*

## Johanna Kinkel
Mehr als die größten Virtuosen und die schönsten Stimmen, die ich dort hörte, galt mir der Vortrag Fanny Hensels, und ganz besonders die Art, wie sie dirigierte. Es war ein Aufnehmen des Geistes der Komposition bis zur innersten Faser und das gewaltige Ausströmen desselben in die Seelen der Sänger und Zuhörer. Ein Sforzato ihres kleinen Fingers fuhr uns wie ein elektrischer Schlag durch die Seele und riß uns ganz anders fort, als das hölzerne Klopfen eines Taktstocks auf dem Notenpulte es tun kann. Wenn man Fanny Hensel ansah, während sie ein Meisterwerk spielte oder dirigierte, schien sie größer zu werden. Die Stirn leuchtete, die Züge veredelten sich, und man glaubte die schönsten Formen zu sehen. Nüchtern betrachtet, war nichts regelmäßig schön an ihr als das schwarze Auge und die Stirn; doch der Ausdruck überwog alles […].
*Johanna Kinkel über Fanny Hensels «Sonntagsmusiken» in: Berlin. Musikkalender 1989, Kassel 1988, 160*

## Fanny Lewald
Es gab noch immer einzelne Frauen, in deren Zimmern sich eine aus allen Ständen gemischte Gesellschaft zusammenfand, und unter diesen Letzteren nahm die älteste Schwester von Felix Mendelssohn, die an den Maler Wilhelm Hensel verheiratete Fanny Mendelssohn die erste Stelle ein. Sie war klein, und die seelenvollen mächtigen Augen ausgenommen, eigentlich unschön, aber sie hatte einen scharfen Verstand, war sehr unterrichtet, sehr selbstbestimmt und als Musikerin ihrem Bruder ebenbürtig.
*Meine Lebensgeschichte. Hg. von G. Brinker, Frankfurt a. M., 1980, 239 ff.*

## Ludwig Rellstab
Sie trat, obwohl jeder ausgedehntesten und schwierigsten Form völlig mächtig, doch nur mit Ergüssen der unmittelbaren Empfindung, vorzugsweise mit schönen Liedern, in die Öffentlichkeit, und machte die Anrecht auf Größeres, das sie vollgütig besaß, nicht geltend. – Die ihren künstlerischen Wert erkannten, müssen ihn auch anerkennen, und der Verfasser dieser Zeilen fühlt sich um so mehr dazu gedrungen, als auch er die schönsten Zeiten der jugendlichen Kunstentwicklung mit dem Kreise schuldig ist, in welchem sich die seltene Talentblüte der zu früh von uns Geschiedenen entfaltete! – Und unübersehbar ist die Zahl derer unter uns, die ihr gleiche Gesinnungen des Dankes und der Verehrung widmen müssen; das wird ihre schöne Begleitung an den Rand der Gruft sein.
*Nachruf auf Fanny Hensel, zitiert nach: Vom Schweigen befreit. 20.–22. Februar 1987. Programmheft 24*

**Franz Brendel (vermutl.)**
Zu: op. 2 «Vier Lieder für das Pianoforte», 1. Heft, Bote und Bock, Berlin,
Breslau. Von den vorliegenden
4 Liedern, welche der äußern Fassung
nach durchaus eine weibliche Hand
nicht verrathen, sondern vielmehr
ein männlich ernstes Kunststudium
voraussetzen lassen, erscheint uns
das letzte als das freieste und in-
nigste, während die übrigen theils
den selbständigen Ideengang, theils
die übersichtliche Abrundungen zuweilen vermissen lassen. – Ein aus-
führlicheres und allgemeines Urtheil
müssen wir uns vorbehalten, bis wir
mehrere Werke der Verfasserin ken-
nengelernt haben.
*Neue Zeitschrift für Musik, Herausgege-*
*ben durch einen Verein von Kunstfreun-*
*den, hg. von Robert Schumann, Band*
*26 I, Januar bis Juni 1847, S. 14*

**Eduard Devrient**
Seine [Felix'] ältteste Schwester
Fanny stand ihm durch ihre eminen-
te musikalische Befähigung sehr
nahe, und ihr trefflicher Charakter,
der klare Verstand, ihr durchaus
vernünftiges, aber reiches Gefühls-
leben – das nicht jedem erkennbar
war – vermochte in Felix' erregtem
Wesen Manches auszugleichen.
*Meine Erinnerungen an Felix Mendels-*
*sohn Bartholdy, Leipzig 1872, S. 71*

# Bibliographie

## 1. Lexikonartikel über Fanny Mendelssohn-Hensel

The New Grove. Bd. 12. S. 134: Fanny Mendelssohn Bartholdy, von Karl-Heinz Köhler

Musik in Geschichte und Gegenwart Bd. 16 (Supplement). Sp. 658–662, Artikel von Franz Krautwurst

The New Grove Dictionary of Women Composers. Edited by Julie Sadie and Rhian Samuel. London 1994–96. Artikel: Fanny Mendelssohn Bartholdy von Marcia J. Citron

Olivier, A., Braun, S.: Lexikon der 800 Komponistinnen. Unna 1997 Komponistinnen von A – Z. Hg. von Antje Olivier und Karin Weingartz-Perschel. Düsseldorf 1988. Artikel über Fanny Hensel geb. Mendelssohn Bartholdy, S. 148–150

Riemann-Musiklexikon. Hg. von Wilibald Gurlitt. Frankfurt a. M. 1959. Sp. 770–771

## 2. Biographien, Einzelaspekte zur Biographie

Alexander, Boyd: Some unpublished Letters of Abraham Mendelssohn and Fanny Hensel. In: Mendelssohn-Studien 3, 1979, S. 9–50

Benjamin, Phyllis: Quellen zur Biographie von Fanny Hensel, geb. Mendelssohn Bartholdy: VI. A. Dairy-Album for Fanny Mendelssohn Bartholdy. In: Mendelssohn-Studien 7, 1990, S. 179–217

Büchter-Römer, Ute: Das Italienerlebnis Fanny Hensels, geb. Mendelssohn Bartholdy. In: Schriften des Essener Kollegs für Geschlechterforschung. Hg. von Doris Janshen und Michael Meuser. Essen, 2. Jahrgang 2002, Heft 1

–: «Vergiss nicht deine Tante …». Aus den Briefen Rebecka Dirichlets an Ihren Neffen Sebastian Hensel. In: Mendelssohn Studien 14, 2005, S. 295–308

Citron, Marcia J.: The Letters of Fanny Hensel to Felix Mendelssohn Bartholdy. New York 1987

Devrient, Eduard: Meine Erinnerungen an Felix Mendelssohn Bartholdy und seine Briefe an mich. Leipzig 1872

Eichhorn, Andreas: Felix Mendelssohn Bartholdy: Elias. Kassel 2005

–: Felix Mendelssohn Bartholdy. München 2008

Elvers, Rudolf: Fanny Hensel, geb. Mendelssohn Bartholdy, Dokumente ihres Lebens. Zum 125. Todestag. Berlin 1972, Staatsbibliothek Preußischer Kulturbesitz, Ausstellungskatalog, 2

Geck, Martin: Felix Mendelssohn Bartholdy. Reinbek 2009

Gilbert Felix (Hg.): Bankiers, Künstler und Gelehrte. Unveröffentlichte Briefe der Familie Mendelssohn aus dem 19. Jahrhundert. Tübingen 1975

Hellwig-Unruh, Renate: «… so bin ich mit meiner Musik ziemlich allein». Die Komponistin und Musikerin Fanny Hensel, geb. Mendelssohn. In: Stadtbild und Frauenleben. Berlin im Spiegel von 16 Frauenporträts. Hg. von Henrike Hülsbergen. Berlin 1997, S. 235–261

Hensel, Fanny, geb. Mendelssohn Bartholdy: Tagebuch, Abschrift von Eva Roemer; unveröffentlicht in der Staatsbibliothek Berlin, Stiftung Preußischer Kulturbesitz, Mendelssohn-Archiv, MA Ms 103

Hensel, Sebastian: Die Familie Mendelssohn 1729–1847. Nach Briefen und Tagebüchern. 2 Bde. Berlin 1879, Neuausgabe: Frankfurt a. M. und Leipzig 1995

Heyden-Rynsch, Verena von der: Europäische Salons. Höhepunkte einer versunkenen weiblichen Kultur. Hamburg 1995

Hoffmann, Freia: Instrument und Körper. Die musizierende Frau in der bürgerlichen Kultur. Frankfurt a. M. und Leipzig 1991

Jones, Peter Ward: Felix und Cécile Mendelssohn Bartholdy. Das Tagebuch der Hochzeitsreise. Zürich und Mainz 1997

Klein, Hans-Günter: «... dies allerliebste Buch». Fanny Hensels Noten-Album. In: Mendelssohn-Studien 8, 1993, S. 141–157

–: Die Kompositionen Fanny Hensels in Autographen und Abschriften aus dem Besitz der Staatsbibliothek zu Berlin – Preußischer Kulturbesitz. Tutzing 1995

–: Eine posthume Huldigungskomposition für Friedrich Wilhelm IV. und Elisabeth von Preußen von Fanny Hensel. In: Staatsbibliothek zu Berlin – Preußischer Kulturbesitz, Mitteilungen N. F. 6, 1997, S. 67–70

–: «Das verborgene Band». Felix Mendelssohn Bartholdy und seine Schwester Fanny Hensel. Zum 150. Todestag der beiden Geschwister. Wiesbaden 1997 (Ausstellungskatalog)

–: Die Mendelssohns im Bildnis. Porträts aus der ersten bis vierten Generation. Berlin 2004

–: Die Familie Mendelssohn – Stammbaum von Moses Mendelssohn bis zur siebenten Generation. Berlin 2004

–: «Die Liebe gleicht alles aus». Briefe der Zuneigung, Fürsorge und Trauer aus der Familie Mendelssohn. Berlin, Wien 2004

–: Musik bei den Mendelssohns. Komponisten, Musiker und Dilettanten. Berlin, Wien 2004

– (Hg.): Fanny Hensel. Briefe aus Rom. Wiesbaden 2002

– (Hg.): Felix Mendelssohn Bartholdy. Ein Almanach. Leipzig 2008

–, Elvers, Rudolf (Hg.): Fanny Hensel. Tagebücher. Wiesbaden, Leipzig, Paris 2002

Kleßmann, Eckart: Die Mendelssohns. Bilder aus einer deutschen Familie. München 1990

Klingemann, Karl (Hg.): Felix Mendelssohn Bartholdy: Briefwechsel mit Legationsrat Carl Klingemann in London. Essen 1909

Koch, Paul August: Fanny Hensel, geb. Mendelssohn (1805–1847). Kompositionen. Eine Zusammenstellung der Werke, Literatur und Schallplatten. Frankfurt a. M. und Leipzig 1993

Kupferberg, Herbert: Die Mendelssohns. Stuttgart und Tübingen 1972

Lackmann, Thomas: Das Glück der Mendelssohns. Geschichte einer deutschen Familie. Berlin 2005

Lambour, Christian: Quellen zur Biographie von Fanny Hensel, geb. Mendelssohn Bartholdy: I. Briefe an die Nichte – Henriette Mendelssohn und Jacob Salomon Bartholdy, II. Brief zur Hochzeit der Schwester – Felix Mendelssohn Bartholdy an seine Familie, Oktober 1829. In: Mendelssohn-Studien 6, 1986, S. 49–105

Leggewie, Veronika (Hg.): Vortragsreihe der Koblenzer Mendelssohn-Tage. Bell 2002 ff. Bd. 1: Frauen um Felix. 2002; Bd. 2: Wohn- und Wirkungsstätten Felix Mendelssohn Bartholdys. 2003; Bd. 3: Briefwechsel im 19. Jahrhundert. 2004; Bd. 4: Fanny Hensel, geb. Mendelssohn Bartholdy – Ein Frauenschicksal im 19. Jahrhundert. 2005

Lowenthal-Hensel, Cécile: F in Dur und F in Moll. Fanny und Felix Mendelssohn in Berlin. In: Berlin in Dur und Moll. Hg. von Felix Henneleit. Berlin 1970, S. 30–32

–: Preußische Bildnisse des 19. Jahrhunderts. Zeichnungen von Wilhelm Hensel. Berlin 1981 (Ausstellungskatalog Staatliche Museen – Preußischer Kulturbesitz)

–: Mutter und Sohn. Fanny und Sebastian Hensel. In: Die Mendelssohns in Berlin, eine Familie und ihre Stadt. Bearb. Von Rudolf Elvers und Hans-Günter Klein. Berlin 1983, S. 58–73 (Ausstellungskatalog Staatsbibliothek zu Berlin – Preußischer Kulturbesitz)

–: Wilhelm Hensel 1794–1861. Porträtist und Maler. Werke und Dokumente. Zum 100. Todestag, Wiesbaden 1994 (Ausstellungskatalog Staatsbibliothek zu Berlin – Preußischer Kulturbesitz)

–: Wilhelm Hensel – Fanny und Felix im Porträt. In: Mendelssohn-Studien 10, 1997, S. 9–24

–, Arnold, Jutta: Wilhelm Hensel. Maler und Porträtist. Ein Beitrag zur Kulturgeschichte des 19. Jahrhunderts. Berlin 2004

–, Schachwitz, Sigrid Gräfin von: Europa im Porträt. Zeichnungen von Wilhelm Hensel 1794–1861. Berlin 2005

Mendelssohn Bartholdy, Paul, Mendelssohn Bartholdy, Carl (Hg.): Briefe aus den Jahren 1830 bis 1847 von Felix Mendelssohn Bartholdy. 2 Bde. Leipzig 1863

Mendelssohn-Studien. Hg. von Hans-Günter Klein u. a. Bd. 1–14. Berlin 1972–2005; Register zu den Bdn. 1–10 1998; Bd. 15 u. 16. Berlin 2007 u. 2009

Motte, Diether de la: Liebeserklärung für Fanny. In: Musica 41, 1987, S. 40–42

–: Komponistin – Warum denn nicht? In: Österreichische Musikzeitschrift 7–8/46, 1991, S. 363–367

Nies, Christel: Unerhörtes Entdecken. Komponistinnen und ihr Werk II. Kassel, Basel, London 1995

Olivier, Antje: Mendelssohns Schwester Fanny Hensel. Musikerin, Komponistin, Dirigentin. Düsseldorf 1997

Popp, Johannes: Reisen zu Felix Mendelssohn Bartholdy. Berlin / Bonn 2008

Reich, Nancy B.: The power of class: Fanny Hensel. In: Mendelssohn and his world. Hg. von Larry Todd, Princeton 1991, S. 86–99

Schleuning, Peter: Fanny Hensel geb. Mendelssohn. Köln/Weimar/Wien 2007

Schmidt-Hensel, Roland D., und Baur, Christine: Felix Mendelssohn Bartholdy zum 200. Geburtstag. (Ausstellungskatalog Staatsbibliothek zu Berlin) Stuttgart 2009

Schumann, Robert: Erinnerungen an Felix Mendelssohn Bartholdy. Hg. vom Städtischen Museum Zwickau, bearbeitet von Dr. Georg Eismann. Zwickau 1947

Sirota, Victoria Ressmeyer: The life and works of Fanny Mendelssohn-Hensel. Dissertation, Boston University School of Music 1981

Sperber, Roswitha (Hg.): Komponistinnen in Deutschland, Bonn 1996

Tillard, Françoise: Die verkannte Schwester. Die späte Entdeckung der Komponistin Fanny Mendelssohn Bartholdy. Aus dem Französischen von Ralf Stamm. München 1994

Todd, D. Larry: Felix Mendelssohn Bartholdy. Ditzingen/Stuttgart 2008

Wehmer, Carl (Hg.): Ein tief gegründet Herz. Der Briefwechsel Felix Mendelssohn Bartholdys mit Johann Gustav Droysen. Heidelberg 1959

Weissweiler, Eva: Komponistinnen aus 500 Jahren. Frankfurt a. M. 1981, S. 183–204

–: (Hg.): Fanny Mendelssohn: Italienisches Tagebuch. Frankfurt a. M. 1985

–: Fanny Mendelssohn. Ein Porträt in Briefen. Frankfurt a. M., Berlin 1991

–: Fanny und Felix Mendelssohn, Briefwechsel 1821 bis 1846. Berlin 1997

Werner, Eric: Mendelssohn. Leben und Werk in neuer Sicht. Zürich und Freiburg i. Br. 1980

Werner, Jack: Felix and Fanny Mendelssohn. In: Music and letters 28, 1947, S. 303–337

### 3. Untersuchungen zum Werk Fanny Hensels

Borchard, Beatrix, Schwarz-Danuser, Monika (Hg.): Fanny Hensel geb. Mendelssohn Bartholdy. Komponieren zwischen Gesellligkeitsideal und romantischer Musikästhetik. Stuttgart, Weimar 1999

Cai, Camilla: Fanny Mendelssohn Hensel as composer and pianist. In: The Piano Quarterly 139, 1987, S. 46–50

–: Fanny Hensel's «Songs for Pianoforte» of 1836–37. Stylistic Interaction with Felix Mendelssohn. In: Musicological Research 14, 1994, S. 55–76

Citron, Marcia J.: The Lieder of Fanny Mendelssohn-Hensel. In: Musical Quarterly 69, 1983, S. 570

Eberle, Gottfried: Zu Fanny Hensels Klavierzyklus «Das Jahr». In: Komponistinnen in Berlin. Hg. von Bettina Helmig und M. Brand, Musikfrauen e.V., Berlin 1987

Gorell, Lorraine: Fanny Mendelssohn and her Songs, in: NATS (= National Association of Teachers of Singing), Journal 05/42, 1986, S. 6–11

Helmig, Martina (Hg.): Fanny Hensel, geb. Mendelssohn Bartholdy. Das Werk. München 1997

Huber, Annegret: In welcher Form soll man Fanny Hensels «Choleramusik» aufführen? In: Mendelssohn-Studien 10, 1997, S. 227–245

–: Schiller's Gedicht «Des Mädchens Klage» in den Vertonungen von Fanny Hensel und Felix Mendelssohn Bartholdy. In: Vivavoce – Zeitschrift des Internationalen Arbeitskreises Frau und Musik, Nr. 42, Kassel, Mai 1997, S. 8 ff.

Maurer, Annette: Thematisches Verzeichnis der klavierbegleiteten Sololieder Fanny Hensels. Kassel 1997

Motte, Diether de la: Anfangen und Aufhören (und: weder noch). In: Üben und Musizieren 9, 1992, S. 16–18

Hellwig-Unruh, Renate: Die «Cholerakantate» von Fanny Hensel. In: Musica 50/2, 1996

Schröder, Gesine: Eingebildetes Unwetter zu einer «dramatischen Szene» von Fanny Hensel Mendessohn. In: Komponistinnen in Berlin. Hg. von Bettina Helmig und M. Brand, Musikfrauen e.V., Berlin 1987

Toews, John E.: Memory and gender in the Remaking of Fanny Mendelssohn musical identity: The Chorale in «Das Jahr». In: The Musical Quarterly Nr. 04/Vol. 77, Oxford University Press 1993 (Deutsche Übersetzung in: Vivavoce 42, Kassel 1997)

### 4. Ausgewählte Literatur zur Geschichte Berlins und zum Judentum in Deutschland im 19. Jahrhundert

Allihn, Ingeborg: Musikstädte der Welt. Laaber 1991

Dahlhaus, Carl (Hg.): Studien zur Musikgeschichte Berlins im frühen 19. Jahrhundert. Regensburg 1980

Dörffel, Alfred: Geschichte der Gewandhauskonzerte zu Leipzig vom 25. Nov. 1781 bis 25. Nov. 1881. Leipzig 1884

Geis, Rober Raphael: Gottes Minorität, Beiträge zur jüdischen Theologie und zur Geschichte der Juden in Deutschland. München 1971

Kampmann, Wanda: Deutsche und Juden. Die Geschichte der Juden in Deutschland vom Mittelalter bis zum Beginn des Ersten Weltkriegs. Frankfurt a.M. 1979

Knobloch, Heinz: Herr Moses in Berlin. Ein Menschenfreund in Preußen. Das Leben des Moses Mendelssohn. Berlin 1987

Schoeps, Julius: Moses Mendelssohn. Königstein i. Ts. 1979/1989

Studien zur Berliner Musikgeschichte vom 18. Jahrhundert bis zur Gegenwart. Berlin 1989

# NAMENREGISTER

## Über die Autorin

Ute Büchter-Römer, geb. 1946 in Ahrweiler, hat Schulmusik an der Musikhochschule Köln und Germanistik an der dortigen Universität studiert. Daneben hat sie ein Gesangsstudium absolviert und ist als Sopranistin mit umfangreichem Repertoire aufgetreten. 1989 wurde sie an die Universität Duisburg mit einer Arbeit über vokalen Jazz promoviert. 1995 erfolgte die Habilitation an der Universität Köln über das Thema «Aspekte des neuen Musiktheaters und Strategien seiner Vermittlung». Sie veranstaltet Seminare zum Thema «Frau und Musik» und Gesprächs-Konzerte mit Komponistinnen und Komponisten der Region, hat Lehraufträge an unterschiedlichen Hochschulen, schreibt Musikkritiken für Zeitungen und «Jazz-Podium» und forscht über populäre Musik und über Komponistinnen des 19. und 20. Jahrhunderts. Ihre Dissertation «New Vocal Jazz» erschien im Verlag Peter Lang, Frankfurt a. M. 1991. Die Autorin hat neben einer ganzen Reihe von Fachaufsätzen in musikwissenschaftlichen und populären Zeitschriften vor allem für den WDR und Bayerischen Rundfunk gearbeitet. Sie war dort Autorin für Hörspiele, Musiksendungen etc.; außerdem Sendungen zum Jazz beim SWF Baden-Baden und beim WDR.

## Danksagung

Besonderer Dank für die Hilfe bei der Arbeit an dieser Monographie über Fanny Mendelssohn-Hensel gilt Frau Dr. Cécile Lowenthal-Hensel, die als Historikerin in mehreren Gesprächen wesentliche Aspekte zur differenzierten Betrachtung des Lebens und des Schaffens ihrer Urgroßmutter beisteuerte. Ferner gilt der Dank Frau Madeleine Hensel, die mir Einblick in die Brautbriefe gewährte, und Herrn Dr. Hans-Günter Klein vom Mendelssohn-Archiv in Berlin.

# QUELLENNACHWEIS DER ABBILDUNGEN

Privatbesitz Bad Homburg: Umschlagvorderseite, 62, 64
Staatsbibliothek zu Berlin, Preußischer Kulturbesitz, Musikabteilung mit Mendelssohn-Archiv: Umschlagrückseite oben, Umschlagrückseite unten und 8 (© Privatbesitz), 11, 30, 37, 41, 51, 65, 70, 72 (2), 81, 95, 103, 119
Privatbesitz: 3, 139
Staatsbibliothek zu Berlin, Preußischer Kulturbesitz, Kupferstichkabinett: 7, 16, 17, 21, 29, 33, 39, 57, 59, 60, 67, 87 (2), 92, 93, 97, 99, 102

Herzog August Bibliothek Wolfenbüttel, Graphische Sammlung: 12
Aus: Eckart Kleßmann: Die Mendelssohns. Bilder aus einer deutschen Familie. Frankfurt a. M. 1993: 19
Staatsbibliothek zu Berlin, Preußischer Kulturbesitz, Nationalgalerie: 20
Bildarchiv Preußischer Kulturbesitz, Berlin: 25, 85
Privatbesitz Bloomington / Indiana, USA: 27
Aus: Sing-Akademie zu Berlin. Festschrift zum 175-jährigen Bestehen. Hg. von Werner Bollert. Berlin 1966: 90
© Boosey & Hawkes / Bote & Bock GmbH & Co., Berlin: 106, 109, 114

**Johann Sebastian Bach**
Martin Geck; rororo 50637

**Die Bach-Söhne**
Martin Geck; rororo 50654

**Joseph Haydn**
Claudia Maria Knispel; rororo 50603

**Wolfgang Amadeus Mozart**
Fritz Hennenberg; rororo 50683

**Ludwig van Beethoven**
Martin Geck; rororo 50645

# rowohlts monographien
# Musik

**Felix Mendelssohn Bartholdy**
Martin Geck; rororo 50709

**Franz Schubert**
Ernst Hilmar; rororo 50608

**Frédéric Chopin**
Jürgen Lotz; rororo 50564

**Franz Liszt**
Barbara Meier; rororo 50633

**Richard Wagner**
Martin Geck; rororo 50661

**Johannes Brahms**
Hans A. Neunzig; rororo 50613

**Clara Schumann**
Monica Steegmann; rororo 50424

**Giuseppe Verdi**
Barbara Meier; rororo 50593

**Gustav Mahler**
Wolfgang Schreiber; rororo 50181

**Claude Debussy**
Jean Barraqué; rororo 50092

**Benjamin Britten**
Norbert Abels; rororo 50491

S 21/6

*Weitere Informationen in der* Rowohlt Revue *oder unter* www.rororo.de